La carte des desserts

Design graphique : Nicole Lafond
Traitement des images : Mélanie Sabourin
Révision et correction : Odette Lord
Photographe : Mathieu Lévesque Photographe
www.mathieulevesque.com
Accessoires :
  3 femmes et un coussin, Montréal
  Magasin Z'AXE, Carrefour Laval/Quartier Dix 30
  Boutique L'Aubergine, Rosemère

**Catalogage avant publication de Bibliothèque et Archives
nationales du Québec et Bibliothèque et Archives Canada**

Demers, Patrice

  La carte des desserts

  Comprend un index.

  ISBN 978-2-7619-2671-3

  1. Desserts. I. Titre.

TX773.D452 2009   641.8'6   C2009-942171-2

Suivez les Éditions de l'Homme sur le Web

Consultez notre site Internet et inscrivez-vous à
l'infolettre pour rester informé en tout temps de nos
publications et de nos concours en ligne. Et croisez aussi
vos auteurs préférés et l'équipe des Éditions de l'Homme
sur nos blogues!

EDITIONS-HOMME.COM

Imprimé au Canada

09-11

Dépôt légal : 2009
Bibliothèque et Archives nationales du Québec

ISBN 978-2-7619-2671-3

DISTRIBUTEURS EXCLUSIFS :

• Pour le Canada et les États-Unis :
MESSAGERIES ADP*
2315, rue de la Province
Longueuil, Québec J4G 1G4
Tél. : 450 640-1237
Télécopieur : 450 674-6237
Internet : www.messageries-adp.com
* filiale du Groupe Sogides inc.,
  filiale de Quebecor Media inc.

• Pour la France et les autres pays :
INTERFORUM editis
Immeuble Paryseine, 3, Allée de la Seine
94854 Ivry CEDEX
Tél. : 33 (0) 1 49 59 11 56/91
Télécopieur : 33 (0) 1 49 59 11 33
Service commandes France Métropolitaine
Tél. : 33 (0) 2 38 32 71 00
Télécopieur : 33 (0) 2 38 32 71 28
Internet : www.interforum.fr
Service commandes Export – DOM-TOM
Télécopieur : 33 (0) 2 38 32 78 86
Internet : www.interforum.fr
Courriel : cdes-export@interforum.fr

• Pour la Suisse :
INTERFORUM editis SUISSE
Case postale 69 – CH 1701 Fribourg – Suisse
Tél. : 41 (0) 26 460 80 60
Télécopieur : 41 (0) 26 460 80 68
Internet : www.interforumsuisse.ch
Courriel : office@interforumsuisse.ch
Distributeur : OLF S.A.
ZI. 3, Corminboeuf
Case postale 1061 – CH 1701 Fribourg – Suisse
Commandes : Tél. : 41 (0) 26 467 53 33
              Télécopieur : 41 (0) 26 467 54 66
              Internet : www.olf.ch
              Courriel : information@olf.ch

• Pour la Belgique et le Luxembourg :
INTERFORUM BENELUX S.A.
Fond Jean-Pâques, 6
B-1348 Louvain-La-Neuve
Téléphone : 32 (0) 10 42 03 20
Fax : 32 (0) 10 41 20 24
Internet : www.interforum.be
Courriel : info@interforum.be

Gouvernement du Québec – Programme de crédit d'impôt
pour l'édition de livres – Gestion SODEC –
www.sodec.gouv.qc.ca

L'Éditeur bénéficie du soutien de la Société de développement des
entreprises culturelles du Québec pour son programme d'édition.

Le Conseil des Arts du Canada
The Canada Council for the Arts

Nous remercions le Conseil des Arts du Canada de l'aide accordée
à notre programme de publication.

Nous reconnaissons l'aide financière du gouvernement du Canada
par l'entremise du Fonds du livre du Canada pour nos activités
d'édition.

Patrice Demers

La carte des desserts

Photographies de Mathieu Lévesque

LES ÉDITIONS DE L'HOMME

Une compagnie de Quebecor Media

Des goûts et des couleurs, on ne discute point, mais d'un bon dessert, longtemps on se souvient.

préface

Ma première rencontre avec Patrice Demers aura été dans une… assiette de dessert ! Eh oui, j'ai connu l'homme par ses desserts, à l'époque du restaurant Les Chèvres. Il m'a littéralement conquis par le goût, comme autrefois une femme « prenait son homme par le ventre… ».

Haute définition de saveurs, intelligence du propos, économie de moyens, sensibilité et subtilité, plaisirs partagés sans esbroufe et papilles allumées au possible…, voilà des commentaires qui définissent à la perfection tant les créations signées par le maître ès desserts et pâtisseries qu'était, qu'est et que sera toujours Demers, que la personnalité de ce créateur singulier.

Car c'est de ça qu'il s'agit chez ce jeune chef intuitif, talentueux et unique, ouvert aux nouveaux courants et toujours à l'affût de nouvelles combinaisons de saveurs. Il est à l'image des grands chefs de ce monde qui ont su s'approprier leur art, par le travail et la méthode, pour ensuite le transcender par une expression on ne peut plus personnelle. Les œuvres de Patrice s'inscrivent dans cette mouvance.

Mais qu'est-ce qui nous a obligés à le suivre au *Pop* et au *Laloux* (!), où il nous a encore plus éblouis par sa superbe ? Que de vérité, de justesse, d'évolution et de maturité dans le propos. Puis, depuis le printemps 2009, il nous a conduits, comme des pèlerins à la recherche du Saint Graal, dans son nouveau quartier général de créativité qu'est le restaurant Newtown, où il officie avec une toute nouvelle équipe afin de donner ses lettres de noblesse gastronomique à ce coin de la ville, qui

en avait grandement besoin. Et le pari du funambule de l'univers sucré semble déjà gagné. Allez-y, vous verrez vos cils olfactifs se réveiller et s'émerveiller !

Enfin, comme si ce n'était pas assez, dans ce livre, qui fera date au pays dans le monde des desserts et de la pâtisserie, grâce à sa facture originale adaptée aux besoins et aux désirs de chacun, il partage ses nouveaux secrets pour toutes les occasions. Voilà l'approche et l'ouverture d'esprit d'un grand chef qui sait être à l'écoute de ses convives et de ses disciples.

Dans cet ouvrage novateur, le chef a eu la générosité de nous présenter ses plus récentes créations sous forme de thèmes qui se déploient en trois temps. Il vous propose un aliment central, qu'il affectionne tout particulièrement, et explique pourquoi il y est attaché (chocolat blanc, citron ou rhubarbe, pour ne nommer que ceux-là). Il vous offre ensuite les recettes.

Petit génie qui jongle avec les aliments, Patrice Demers remet enfin entre les mains de tous les lecteurs, dans ce remarquable livre *La carte des desserts*, les secrets du bonheur, qui, contrairement à ce que l'on a déjà pensé, n'est pas dans le pré…, mais plutôt dans votre assiette de dessert !

Et j'allais l'oublier, aussi dans le verre…

Car, par l'équilibre de ses préparations, notre maestro trace une piste pour que les vins, tout comme les cidres de glace, les eaux-de-vie, les liqueurs, les bières de dégustation et même les thés grands crus puissent faire leur chemin afin que la rencontre entre ses desserts et le verre soit toujours au rendez-vous.

Donc, n'hésitez plus et laissez-vous conquérir par ce livre de référence gourmand, comme je l'ai été depuis la première fois où un dessert de Patrice Demers est venu se poser sur mes papilles, heureuses, il va sans dire.

François Chartier
Sommelier, auteur et instigateur du principe d'harmonies et de sommellerie moléculaires

avant-propos

Dans ce livre, je vous invite à partager ma grande passion, celle des desserts. Vous rêvez de faire de la pâtisserie comme un véritable chef ? En voici l'occasion. Ce livre est conçu pour que vous puissiez apprendre, à votre rythme, les bases de nombreux desserts. Pour vous faciliter la tâche, j'ai choisi de vous présenter les produits avec lesquels je préfère travailler, sous forme de thèmes. Puis j'ai groupé mes desserts selon ces différents thèmes, par exemple les amandes, le chocolat et les fraises.

Chacun des thèmes comporte 3 recettes qui ont toutes la même recette de base. Par exemple, pour le chocolat noir, la Mousse au chocolat noir est la recette de base. On a ensuite la Mousse au chocolat noir, langues de chat aux épices et compote de bananes, la 2e recette. Et finalement la Mousse au chocolat noir, glace au sésame grillé, banane et citron, la 3e recette.

Vous pouvez donc commencer par la recette de base, qui est un merveilleux dessert. Si le cœur vous en dit, vous faites ensuite la mousse, langues de chat. Puis peu à peu, vous deviendrez plus habile et vous pourrez faire la mousse, glace au sésame.

Plusieurs parties de mes desserts peuvent aussi être servies seules et constituer de très bons desserts. Par exemple, le Sorbet aux framboises et la Salade d'agrumes. Allez-y selon le temps dont vous disposez, selon l'envie du moment, selon votre gourmandise et selon le produit que vous voulez cuisiner. Tout commence par le choix d'un produit de qualité.

Vous avez un faible pour le salé, elle a une folle envie de sucré ? Le Pot de crème chocolat au lait, chantilly au caramel et arachides salées saura sans doute vous réconcilier. Mamie est dessert, papi est fromage, et vous ne savez quoi leur préparer ? Offrez-leur la Glace aux pacanes, gelée de pommes caramélisées et cheddar fort. Ils ne voudront pas repartir avant d'avoir eu la recette.

Mes secrets du chef. Certains produits ou certains appareils que j'utilise dans les recettes sont mes secrets du chef, ils ajoutent un petit plus à mes desserts. Dans les recettes, ces produits sont suivis d'un astérisque, par exemple, poudre de roses sauvages*. Vous les retrouverez dans le Petit glossaire illustré, matériel et ingrédients, ou les secrets du chef, p. 10. Ils sont accompagnés d'une définition et de l'endroit où vous pouvez vous en procurer. Dans la plupart des cas, je suggère aussi des produits de remplacement.

De plus, en consultant les photos techniques, vous comprendrez tout de suite comment faire certaines étapes.

La pâtisserie préparée et dégustée à la maison. Vous pouvez, bien sûr, cuisiner seul, mais vous pouvez aussi le faire entre amis ou en famille. Les 2e et 3e recettes de chacun des thèmes se prêtent facilement au travail d'équipe. Pendant qu'une personne prépare la recette de base, une autre fait une recette qui l'accompagne et ainsi de suite. À la fin du repas, les divers pâtissiers peuvent échanger leurs commentaires.

Il est très intéressant aussi d'inviter les enfants à participer à la préparation des desserts. Réservez-leur un petit coin de la cuisine, donnez-leur un bol de farine et laissez-les vous aider. D'accord, il y aura peut-être un peu plus de ménage à faire ensuite. Mais quand ils donneront des petits sablés en forme de cœur à leur grand-mère, en lui disant « C'est moi qui les ai faits ! », vous verrez à quel point ils seront fiers d'eux et, du coup, vous en oublierez le ménage supplémentaire.

Moi, quand je suis à la maison, je cuisine rarement les desserts du restaurant, à moins que j'aie des invités. Avant d'introduire un nouveau dessert sur ma carte, je prépare quelques recettes simples, chez moi, avec un produit que j'ai envie de déguster. C'est très souvent le point de départ de ma pâtisserie. La maison est pour moi l'endroit calme où je peux créer sans le bruit et la turbulence d'une cuisine de restaurant.

La pâtisserie dégustée au resto ou dans les grandes occasions. Au restaurant, quand je reçois une commande, je sais que la personne qui a choisi un dessert a des attentes bien précises en ce qui a trait au goût, à la texture et à la présentation du dessert. Mon défi est alors d'étonner le client et de dépasser ses attentes. Au Québec, notre pâtisserie a été très influencée par la pâtisserie française, et c'est ce qu'on m'a enseigné à l'école hôtelière. Dans mes nombreux voyages et dans mon imaginaire, cette pâtisserie a cependant évolué, elle ne doit plus être uniforme, elle doit être inspirée et avoir beaucoup de texture.

Dans mon enfance, j'étais passionné par la magie, j'aimais surprendre. Quoi de plus fascinant que de voir les yeux des gens qui cherchent comment vous avez bien pu réussir un tour de magie. C'est un peu ce que je veux recréer au restaurant, je veux surprendre les clients et rivaliser de génie pour leur offrir des desserts incroyables.

Grâce à ce livre, vous réussirez, vous aussi, à vous surprendre, car vous avez sans doute des talents que vous ne soupçonniez même pas… Et vous réussirez, bien sûr, à surprendre vos invités.

Les desserts, du plus simple au plus raffiné. Pour vous faciliter le travail et pour que vous puissiez aller à votre rythme, pour chacun des thèmes, j'ai classé les desserts en recettes faciles, moyennement faciles et un peu plus compliquées. Si l'on reprend l'exemple du chocolat noir, la Mousse au chocolat noir, la 1re recette, est facile. On a ensuite la Mousse au chocolat noir, langues de chat aux épices et compote de bananes, la 2e recette, qui est moyennement facile. Et finalement la Mousse au chocolat noir, glace au sésame grillé, banane et citron, la 3e recette, qui est un peu plus compliquée.

Vous repérerez tout de suite les titres évocateurs qui accompagnent chacune des recettes.

La recette de base
Recettes faciles. Les premiers desserts de chacun des thèmes sont faciles à préparer. Vous pouvez faire ces recettes à la maison. Toutes ces recettes, même les plus simples, sont savoureuses, et elles vous donneront envie de poursuivre votre cheminement culinaire.

Le dessert du jour
Recettes moyennement faciles. Les 2e recettes de chacun des thèmes peuvent aussi se faire à la maison. Même si elles sont un peu plus difficiles, elles sont très accessibles et pourront impressionner vos invités les plus exigeants. Avant de commencer une recette, assurez-vous d'avoir tous les ingrédients et le matériel pour la préparer.

Le chef vous propose
Recettes un peu plus compliquées. Les 3e recettes de chacun des thèmes sont à votre portée si votre cuisine est bien équipée, si vous y allez progressivement, si vous cuisinez déjà beaucoup ou si vous avez envie de sortir des sentiers battus.

Notes : Les temps de préparation indiqués comprennent toujours les temps de cuisson.

Les mots suivis d'un astérisque (*) renvoient au glossaire (voir p. 10).

petit glossaire illustré, matériel et ingrédients, ou les secrets du chef

Agar-agar : Gélifiant extrait d'une algue, il en résulte des gelées fermes et cassantes. Contrairement à la gélatine en feuille, il est nécessaire de faire bouillir l'agar-agar pour l'activer. Il a aussi la particularité de solidifier les aliments à 35 °C (95 °F) et de résister à la chaleur jusqu'à 85 °C (185 °F). Comme son pouvoir gélifiant est très impressionnant, il est préférable d'utiliser une balance très précise pour le peser ou de mettre exactement la quantité indiquée dans la recette. Je l'utilise surtout pour former des gelées très fermes qui seront par la suite réduites en purées parfaitement lisses. Cette technique permet de donner une texture de purée onctueuse à n'importe quel liquide. Vous pouvez trouver l'agar-agar sous forme de poudre dans les épiceries orientales.

Arôme naturel de violette : Concentré de violette très parfumé. On pourrait le remplacer par de l'eau de rose. *Mon fournisseur : www.terraspicecompany.com*

Camomille : Plante aromatique dont les fleurs sont utilisées en infusion. Vous pouvez trouver des fleurs séchées de camomille chez les herboristes.

Chinois étamine : Passoire métallique très fine, de forme conique, formée d'un tamis qui permet de filtrer les crèmes, les gelées et les purées.

Chocolat : Au restaurant, j'utilise le chocolat Valrhona pour son goût exceptionnel, l'Araguani ou le Manjari noir, le Jivara au lait et l'Ivoire blanc. Mais d'autres marques de chocolat de grande qualité peuvent aussi être utilisées.

Cuillères : En pâtisserie, pour bien réussir, il faut être très précis. Quand on trouve des cuillères dans les recettes, il faut toujours mettre des cuillères rases, par exemple, 1 c. à soupe rase de sucre.

Cul-de-poule : Bol en acier inoxydable ou en plastique. Vous en trouverez de différentes tailles.

Fève tonka : Utilisée comme épice, cette fève est le noyau d'un fruit provenant des Antilles et d'Amérique centrale. Râpée et infusée, sa saveur peut rappeler celles de la vanille et de l'amande amère. *Mon fournisseur officiel d'épices rares : Philippe de Vienne, Épices de cru.*

Glucose liquide : Ce produit est souvent utilisé comme anti-cristallisant. Le pouvoir sucrant du glucose est moins élevé que celui du sucre traditionnel. Dans la plupart des recettes, vous pouvez le remplacer par du sirop de maïs.

Gomme de xanthane : Utilisée comme épaississant, elle permet de donner de la viscosité aux liquides sans les transformer en gelée. Le résultat sera peu influencé par les variations de température et résiste très bien à la congélation. Vous pouvez en trouver dans les magasins d'aliments naturels.

Grué de cacao : C'est le résultat de la torréfaction et du concassage de la fève de cacao. Vous en trouverez dans certaines épiceries fines.

Hibiscus : Fleur séchée, aussi appelée oseille de Guinée. Quand on l'utilise en infusion, la boisson qui en résulte est mauve et possède une saveur légèrement acide qui rappelle celle des fruits rouges. Vous en trouverez dans les herboristeries et les magasins d'aliments naturels.

Isomalt : Dérivé du sucre qui a, entre autres, la particularité de mieux résister à l'humidité.

Kumquat : Orange naine d'Extrême-Orient.

Maltodextrine de tapioca : Amidon modifié qui permet de stabiliser des ingrédients à haute teneur en gras et de leur donner une texture poudreuse.
Mon fournisseur :
www.terraspicecompany.com

Mélangeur à immersion : Ce petit mélangeur de forme allongée est doté d'une lame à la base, ce qui permet d'émulsionner ganaches et crèmes pour obtenir une texture parfaitement onctueuse.

Microplane : Cette râpe très fine permet de zester les agrumes et de râper fromage et épices.

Pacojet : Appareil qui permet de préparer des glaces et des sorbets en broyant à haute vitesse les préparations préalablement congelées.

Pectine NH : Extraite des fruits (comme les agrumes et les pommes), la pectine entre dans la préparation des confitures et des gelées. La pectine NH est dite thermoréversible parce qu'elle supporte plusieurs refontes et gélifications.

Poudre de lait de coco atomisé : Lait de coco réduit en fine poudre par un procédé d'atomisation.
Mon fournisseur :
www.terraspicecompany.com

Poudre de roses sauvages : Il s'agit d'une véritable poudre de roses. Vous pouvez en trouver dans certains magasins d'aliments spécialisés, dans les marchés publics, par exemple.

Praliné, pâte de praliné : Pâte obtenue en broyant des noisettes ou des amandes qui ont préalablement été caramélisées. Vous trouverez cette pâte déjà prête à l'emploi dans certaines épiceries spécialisées ou dans les pâtisseries.

Purée de coco : Purée de noix de coco surgelée. J'utilise la marque Boiron.

Purée de litchis : Purée de litchis surgelée. J'utilise la marque Boiron.

Sel de Maldon : Fleur de sel anglaise que l'on reconnaît à ses gros flocons plats.

Silicone, ustensiles en silicone : Ces ustensiles pratiques résistent à la chaleur. On utilise le tapis en silicone pour cuire sur une plaque à pâtisserie. Sa surface antiadhésive permet de le nettoyer facilement. On peut le remplacer par du papier sulfurisé.

Siphon : Utilisé traditionnellement pour préparer de la crème chantilly, il permet aussi de faire mousser d'autres liquides.

Sous vide, machine sous vide : Appareil utilisé pour sceller des aliments dans des sacs en plastique, en faisant un vide d'air. Ces aliments peuvent ensuite être cuits à basse température. Je marine aussi des fruits sous vide.

Spatule coudée : Spatule à angle droit, qui sert à étaler crèmes et pâtes. La lame, souvent flexible, facilite le tout.

Trimoline : Sucre liquide qui absorbe l'humidité et prévient le dessèchement.

Valrhona : Producteur de chocolat français spécialisé dans les chocolats d'origine.

Versawhip 600K : Protéine de soya qui permet de faire mousser des liquides. Quand on l'utilise avec la gomme de xanthane, on obtient des mousses aériennes d'une grande stabilité. On peut l'employer pour faire des mousses froides ou chaudes, sans l'utilisation de protéines animales (blanc d'œuf ou gélatine).
Mon fournisseur :
www.terraspicecompany.com

Yuzu : Agrume originaire d'Asie utilisé pour le parfum incroyable de son jus et de son zeste. On trouve le jus en bouteille dans certaines épiceries orientales.

abricots séchés

Voici l'une de mes armes secrètes…

En plein mois de février, lorsque l'expression « fruit de saison » perd toute signification, les fruits séchés me sont souvent d'un grand secours. De tous les fruits secs, l'abricot est probablement celui que j'utilise le plus. Simplement réhydraté, avec un sirop légèrement parfumé (citron, camomille, anis étoilé et autres), l'abricot est le compagnon idéal de plusieurs desserts. J'aime aussi, après l'avoir chauffé avec du jus d'orange, le réduire en purée que j'utiliserai comme un coulis d'abricots frais.

compote d'abricots au citron

Cette compote des plus simples pourra être préparée en toutes saisons. Le jus et le zeste de citron lui apportent beaucoup de fraîcheur. Pour accompagner le chocolat, des gâteaux ou simplement une bonne glace vanille, elle trouvera une place dans votre répertoire de recettes simples et vite préparées.

portions: 6 à 8   **préparation et cuisson:** 1 heure

2 douzaines d'abricots séchés
400 ml (env. 1 $^2/_3$ tasse) d'eau
3 c. à soupe de miel
2 c. à soupe de jus de citron
½ zeste de citron

hacher finement les abricots.
dans une casserole, cuire tous les ingrédients, à l'exception du zeste, jusqu'à ce que les abricots commencent à se défaire.
retirer du feu, puis ajouter le zeste.
conserver au réfrigérateur.

jour

cake coco et compote d'abricots Un peu plus léger et moelleux qu'un quatre-quarts, ce cake peut aussi être accompagné de chantilly au chocolat (p. 29).

portions : 6 à 8   **préparation et cuisson :** 1 ½ heure
matériel : un moule à cake d'environ 25 cm (10 po) de longueur

125 g (½ tasse) de beurre mou
150 g (¾ tasse) de sucre
2 œufs
150 g (1 tasse) de farine
1 c. à café (1 c. à thé) de levure chimique
  (poudre à pâte)
Une bonne pincée de sel
125 ml (½ tasse) de lait de coco
40 g (½ tasse) de noix de coco finement
  hachée

Il vous faut une recette de base de Compote d'abricots au citron (voir p. 15).

à l'aide d'un batteur électrique, avec le fouet, bien crémer le beurre et le sucre pendant environ 4 minutes.
ajouter les œufs un par un.
tamiser la farine, la levure chimique et le sel ensemble.
incorporer simultanément au mélange beurre-sucre le mélange de farine et le lait de coco. Ajouter finalement la noix de coco.
verser le mélange dans un moule à cake beurré et couvert de papier sulfurisé.
cuire au four, à 180 °C (350 °F), pendant environ 45 minutes.
démouler et servir avec la compote d'abricots.

sorbet à l'abricot,
biscuit moelleux aux noisettes et lait moussé aux fèves tonka

Sous ses allures simples, ce dessert réserve plusieurs surprises à mesure que la cuillère s'y enfonce. La fève tonka, qui parfume la mousse, est l'une de mes épices préférées. Elle ressemble à une amande dont la peau extérieure serait noire. Il suffit de la râper avec une râpe très fine ou avec une râpe à muscade. Sa saveur rappelle celles de l'amande amère et de la vanille.

portions : 6 à 8
préparation et cuisson : 2 heures
matériel : un moule à cake d'environ 25 cm (10 po) de longueur
une plaque à pâtisserie, 6 à 8 bols

Il vous faut une recette de base de Compote d'abricots au citron (voir p. 15).

le sorbet à l'abricot

6 ½ c. à soupe d'eau
50 g (¼ tasse) de sucre
500 g (2 tasses + 2 c. à soupe) de purée
  d'abricots surgelée du commerce

porter à ébullition l'eau et le sucre pour faire un sirop. Incorporer ce sirop à la purée.
turbiner dans une sorbetière ou congeler dans un contenant à Pacojet*.

Verser le lait infusé dans un siphon.

Garnir les bols de cubes de biscuit et de noisettes pralinées.

Garnir la mousse de sorbet à l'abricot.

le biscuit moelleux aux noisettes

3 œufs

180 g (¾ tasse + 1 c. à soupe) de cassonade

170 g (¾ tasse) de beurre mou

60 g (½ tasse) de pastilles de chocolat au lait 40 % de très grande qualité, fondues

75 g (½ tasse) de farine

150 g (1 tasse) de noisettes grillées

au bain-marie, dans un cul-de-poule, bien blanchir les œufs et la cassonade pour chauffer légèrement le mélange.

dans un autre bol, à l'aide d'un fouet, mélanger le beurre et le chocolat fondu.

incorporer graduellement le mélange d'œufs dans le beurre chocolaté.

ajouter finalement la farine et les noisettes.

cuire au four dans un moule à cake, à 180 °C (350 °F), pendant environ 20 minutes.

démouler, laisser refroidir complètement à la température de la pièce et couper en cubes. Comme le gâteau est très moelleux, il est préférable de le réfrigérer pour qu'il soit plus facile à couper.

le lait moussé
aux fèves tonka

250 ml (1 tasse) de lait
250 ml (1 tasse) de crème 35 %
50 g (¼ tasse) de sucre
1 fève tonka*

dans une casserole, porter à
ébullition le lait, la crème et le sucre.
retirer du feu et râper la fève tonka
à l'aide d'une râpe très fine ou d'une
râpe à muscade. Laisser infuser pendant
5 minutes.
verser le mélange dans un bol que l'on
dépose dans un bol plus grand rempli
de glace, puis passer le mélange au
chinois étamine.
verser dans un siphon* et charger
avec 2 cartouches.
conserver au réfrigérateur.

les noisettes
pralinées

200 g (1 ⅓ tasse) de noisettes blanchies
100 g (½ tasse) de sucre
3 ½ c. à soupe d'eau

faire griller les noisettes au four, sur
une plaque à pâtisserie, à 180 °C
(350 °F).
dans une casserole, cuire le sucre et
l'eau jusqu'à 120 °C (250 °F).
ajouter les noisettes d'un seul coup
puis, à l'aide d'une cuillère en bois,
remuer les noisettes jusqu'à ce que le
sucre cristallise.
transférer les noisettes dans une
autre casserole et cuire à feu moyen, en
brassant constamment, jusqu'à ce que la
fine couche de sucre cristallisé commence
à caraméliser. Brasser jusqu'à ce que les
noisettes soient bien dorées.

verser sur une plaque couverte d'un
tapis en silicone ou de papier sulfurisé
et séparer les noisettes pendant qu'elles
sont encore tièdes.
conserver au sec dans un contenant
hermétique.

montage
une recette de base de Compote d'abricots au citron (voir p. 15)
garnir le fond des bols de Compote d'abricots au citron ▮ **mettre** les cubes de biscuits au four, puis les laisser tiédir pendant
quelques secondes ▮ **ajouter** 6 cubes de biscuits et 5 noisettes pralinées ▮ **couvrir** le tout d'une couche de lait moussé aux
fèves tonka ▮ **garnir** le dessert de sorbet.

amandes

Malgré le fait qu'on ne soupçonne pas toujours sa présence, l'amande joue un rôle primordial dans plusieurs de nos recettes préférées. Macarons, financiers, dacquoises et pain de Gênes ont tous en commun la présence d'amande comme ingrédient de base. Une fois moulue finement, elle apporte texture et saveur à de nombreux desserts.

clafoutis aux amandes Dessert originaire

du Limousin, traditionnellement préparé avec des cerises non dénoyautées, le clafoutis est en fait une pâte à crêpe épaisse cuite au four avec des fruits. Quand la saison des cerises est terminée, on le prépare avec des pommes ou des poires et il prend alors le nom de « flognarde ». Ma recette n'est pas traditionnelle, elle contient de la poudre d'amande qui lui donne une texture et une saveur très agréables. Même si je ne refuse jamais un clafoutis aux cerises, il m'arrive de le préparer avec d'autres fruits…

portions : 6 à 8   **préparation :** 30 minutes

la pâte à clafoutis

100 g (⅓ tasse + 2 c. à soupe) de beurre mou
150 g (¾ tasse) de sucre
2 œufs
1 jaune d'œuf
150 g (1 ½ tasse) de poudre d'amande
2 c. à soupe de fécule de maïs
125 ml (½ tasse) de crème 35 %

à l'aide d'un fouet, bien mélanger le beurre et le sucre. Ajouter les œufs et le jaune, puis les ingrédients secs et la crème.
laisser la pâte au réfrigérateur pendant au moins 1 heure. La pâte peut se conserver pendant 4 jours au réfrigérateur ou elle peut être congelée pour une utilisation future.

clafoutis aux bananes, chantilly
au chocolat, sauce passion et miel

Voici la version hivernale du clafoutis. Garni simplement de tranches de banane, il est accompagné de chantilly au chocolat et d'une sauce express fruit de la Passion et miel. Cette chantilly est très facile à préparer, elle comporte 2 ingrédients seulement.

portions : 8   **préparation et cuisson :** 30 minutes
matériel : 8 moules de 6 cm (2 ½ po) beurrés et farinés

La chantilly doit être préparée 12 heures
avant le service.

le clafoutis
aux bananes

Une recette de base de Pâte à clafoutis
  (voir p. 25)
Quelques tranches de banane

répartir la pâte entre les moules beurrés et farinés, garnir de quelques tranches de banane et cuire à 180 °C (350 °F), pendant environ 15 minutes.

la chantilly
au chocolat

200 g (1 ½ tasse) de pastilles de chocolat
   au lait 40 % de très grande qualité
325 ml (1 ⅓ tasse) de crème 35 %

déposer les pastilles de chocolat dans un cul-de-poule.
porter la crème à ébullition, puis la verser sur le chocolat. Laisser reposer pendant 1 minute.
émulsionner la crème avec un fouet jusqu'à l'obtention d'un mélange homogène.
couvrir d'une pellicule plastique que l'on place directement sur la crème, puis réfrigérer pendant au moins 12 heures.

la sauce
passion et miel

3 fruits de la Passion
2 c. à soupe de miel

couper les fruits en 2 et récupérer le jus et les graines. Mélanger les fruits avec le miel et conserver au réfrigérateur.

montage
à l'aide d'un fouet, monter la chantilly au chocolat à la main, jusqu'à la formation de pics mous ▌ déposer un clafoutis sur l'assiette ▌ garnir de chantilly au chocolat et d'une cuillerée de sauce passion et miel.

mini-clafoutis aux

bleuets, pêches, mousse au yuzu et thym citronné

Comme les cerises, le bleuet est un fruit idéal pour garnir vos clafoutis. Il a l'avantage de ne pas perdre de jus à la cuisson et de conserver une certaine texture. Les pêches sont simplement marinées sous vide dans un sirop citronné. Cette technique leur donne l'aspect et la saveur de pêches pochées, tout en conservant la texture du fruit.

---

portions : 8
préparation et cuisson : 1 ½ heure
matériel : 24 petits moules en silicone de 4 cm (1 ½ po)

les mini-clafoutis aux bleuets

Une recette de base de Pâte à clafoutis (voir p. 25)
Bleuets en quantité suffisante

déposer la pâte dans de petits moules en silicone préalablement beurrés et farinés. Ajouter quelques bleuets et cuire au four, à 180 °C (350 °F), pendant environ 12 minutes.

Mariner les pêches sous vide.

Incorporer la gomme de xanthane
et le Versawhip avec un mélangeur
à immersion.

Fouetter la mousse au yuzu avec
un batteur électrique.

la mousse au yuzu

180 ml (¾ tasse) de jus de yuzu*
150 g (¾ tasse) de sucre
125 ml (½ tasse) d'eau
4 g (2 ½ c. à thé) de Versawhip 600K*
1,7 g (½ c. à thé) de gomme de xanthane*

chauffer le jus de yuzu, le sucre et
l'eau sans les faire bouillir. Retirer du
feu et mettre le mélange dans un
contenant en hauteur. À l'aide d'un
mélangeur à immersion, incorporer le
Versawhip et la gomme de xanthane.
Fouetter au batteur électrique jusqu'à la
formation de pics fermes.

le sorbet aux pêches

500 g (3 tasses) de pêches en morceaux
65 g (¹/₃ tasse) de sucre
2 c. à soupe d'eau
1 c. à soupe de jus de citron

dans une casserole, cuire tous les ingrédients à feu doux jusqu'à ce que les pêches soient bien tendres. Réduire le mélange en une purée onctueuse et le passer au chinois étamine. Turbiner dans une sorbetière ou congeler dans des contenants à Pacojet*.

le sirop de citron

100 g (½ tasse) de sucre
180 ml (¾ tasse) d'eau
3 c. à soupe de jus de citron

dans une petite casserole, porter tous les ingrédients à ébullition. Retirer du feu et conserver au réfrigérateur.

les pêches marinées

2 pêches
4 c. à soupe de sirop de citron (recette précédente)

couper les pêches en 2, retirer les noyaux, puis couper chaque moitié en 4.

déposer les fruits dans des sacs sous vide. Ajouter une cuillerée de sirop de citron dans chacun des sacs et, à l'aide d'une machine sous vide, comprimer les pêches avec le sirop.

laisser mariner pendant au moins 1 heure.

montage

24 bleuets + quelques feuilles de thym citronné

déposer 2 mini-clafoutis par assiette et ajouter 2 morceaux de pêches marinées **❙ garnir** de mousse au yuzu, de quelques bleuets et de sorbet **❙ parsemer** de quelques feuilles de thym citronné.

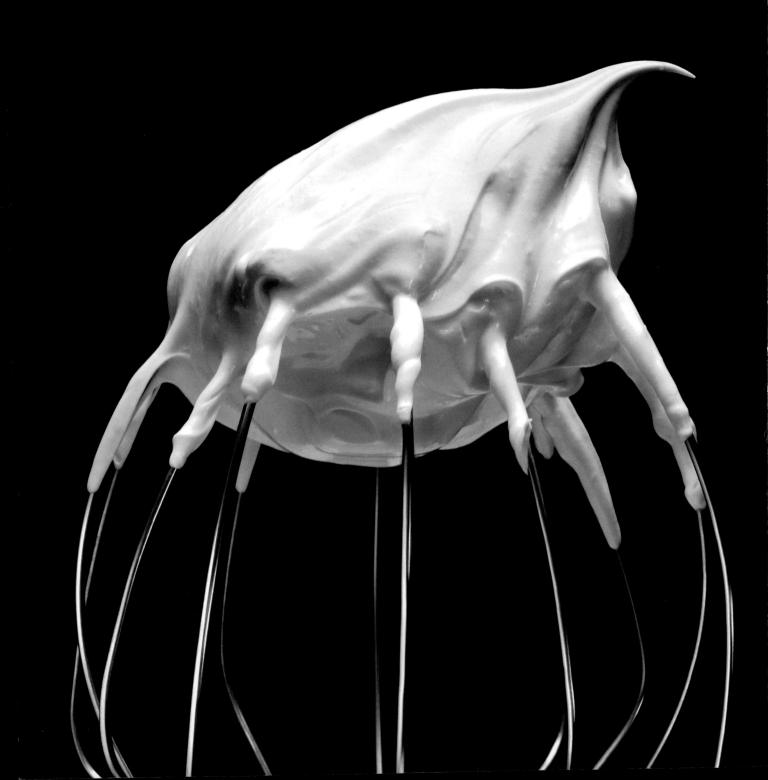

blancs d'œufs

Les blancs d'œufs sont la base de plusieurs classiques de la pâtisserie : les soufflés, la crème au beurre, les mousses et, bien sûr, les meringues. Il existe 3 types de meringue. La *meringue française* est la plus simple à préparer. Les blancs d'œufs sont simplement montés en neige avec du sucre. Dans la *meringue suisse,* les blancs d'œufs et le sucre sont préalablement chauffés au bain-marie avant d'être montés. La *meringue italienne* est la plus stable des trois. Les blancs d'œufs, tout en étant fouettés, sont cuits par un sirop à 120 °C (250 °F).

meringue croquante

Pour préparer cette recette, nous allons utiliser la meringue française. Le soupçon d'acidité (jus de citron ou crème de tartre) contribuera à stabiliser la meringue. Il est important de ne pas trop la fouetter, car elle deviendrait granuleuse. Quand la meringue est prête, il faut la dresser aussitôt. La meringue française n'aime pas attendre, elle risquerait de perdre sa souplesse. Le fait de laisser les blancs d'œufs à la température de la pièce pendant environ 1 heure avant de les utiliser permet aussi d'obtenir plus de volume.

portions : 6 à 8   **préparation :** 10 minutes
matériel : une plaque à pâtisserie

Il faut compter environ 4 heures pour sécher la meringue au four.

3 blancs d'œufs
1 c. à café (1 c. à thé) de jus de citron
90 g (⅓ tasse + 2 c. à soupe) de sucre cristallisé
90 g (¾ tasse) de sucre à glacer

au batteur électrique, battre les blancs d'œufs et le jus de citron, à vitesse moyenne. Lorsque les blancs forment des pics mous, ajouter graduellement le sucre cristallisé et fouetter jusqu'à la formation de pics fermes. La meringue doit être bien lisse et lustrée.
à l'aide d'une spatule souple en silicone, incorporer le sucre à glacer dans la meringue en mélangeant très délicatement, comme si on pliait le mélange.
étaler la meringue sur une plaque couverte d'un tapis en silicone ou de papier sulfurisé et la faire sécher au four à 95 °C (200 °F), pendant environ 4 heures.

Étaler la meringue avec une spatule coudée.

granité à l'orange sanguine,
crème au mascarpone et meringues croquantes
aux graines de pavot

Voici un dessert léger, parfait pour la période des Fêtes. De la fraîcheur, du moelleux, du croquant, que demander de plus pour impressionner vos invités ? Et c'est aussi la saison des oranges sanguines, alors profitez-en pour faire ce granité. Une fois qu'il sera congelé, il se conservera pendant plusieurs semaines.

Il faut compter 2 heures pour sécher les meringues au four.

Le granité doit être fait 24 heures à l'avance.

portions : 8   **préparation et cuisson :** 30 minutes
matériel : une plaque à pâtisserie, 8 verres

le granité à l'orange sanguine

250 g (1 tasse) de jus d'orange sanguine
  ou, à défaut, de jus d'orange
3 c. à soupe de sucre

chauffer le quart du jus d'orange avec le sucre et bien dissoudre le sucre. **retirer du feu,** ajouter le reste du jus et verser dans un contenant allant au congélateur. Laisser prendre complètement.

la crème au mascarpone

1 contenant de 250 g (env. 8 oz)
   de mascarpone
250 ml (env. 1 tasse) de crème 35 %
50 g (¼ tasse) de sucre

au batteur électrique, fouetter tous les ingrédients jusqu'à la formation de pics mous.
conserver au réfrigérateur.

les meringues croquantes aux graines de pavot

Une recette de base de Meringue
   croquante (voir p. 37)
Graines de pavot en quantité suffisante

préparer la recette de base de Meringue croquante, mais ne pas la faire sécher.
à l'aide d'une poche à pâtisserie munie d'une douille unie, dresser de petites meringues rondes, puis les saupoudrer de graines de pavot. Les mettre à sécher au four à 95 °C (200 °F), pendant environ 2 heures.

montage
dans un verre, mettre de la crème au mascarpone **|** **à l'aide d'une fourchette,** gratter le granité et en déposer deux bonnes cuillerées sur la crème **|** **garnir** de quelques petites meringues.

Le **chef** vous propose

portions : 8
préparation et cuisson : 1 heure
matériel : 8 bols

la meringue

Une recette de base de Meringue croquante (voir p. 37)

préparer une recette de base de Meringue croquante.
quand elle est sèche, la briser en morceaux d'environ 2 cm (¾ po).

vert Ce dessert s'inspire d'un grand classique de la pâtisserie, le vacherin glacé, qui est composé de sorbet, de crème chantilly et de meringue. Il est encore très populaire aujourd'hui. C'est le vert qui a été le point de départ pour le choix des ingrédients de la recette. Le résultat offre des contrastes très agréables et beaucoup de fraîcheur.

Le granité et la crème au miel doivent être faits la veille.

le granité aux pommes vertes

3 c. à soupe d'eau
100 g (½ tasse) de sucre
Une feuille de gélatine préalablement
    réhydratée
500 ml (2 tasses) de jus de pommes vertes
    fraîchement pressées (voir Note)

dans une casserole, porter à
ébullition l'eau et le sucre pour faire un
sirop. Retirer du feu, ajouter la gélatine
et laisser refroidir à la température de
la pièce.
mélanger le sirop au jus de pommes.
Verser dans un contenant plat et mettre
au congélateur pendant toute la nuit.

la crème au miel

500 ml (2 tasses) de crème 35 %
75 ml (¼ tasse + 1 c. à soupe) de miel
5 jaunes d'œufs
Une feuille de gélatine préalablement
    réhydratée

dans une casserole, porter à
ébullition la crème et le miel.
retirer du feu et verser graduellement
ce mélange sur les jaunes d'œufs, tout
en brassant au fouet.
remettre à feu moyen et cuire en
brassant continuellement, jusqu'à ce
que la crème nappe le dos de la cuillère
ou qu'elle atteigne 85 °C (185 °F).
retirer du feu, incorporer la gélatine et
mettre au réfrigérateur pendant au
moins 24 heures.
au batteur électrique, fouetter la
crème jusqu'à la formation de pics
presque fermes. Conserver au frigo.

À l'aide d'une fourchette, gratter
la surface du granité pour former
de gros cristaux.

Note : Pour faire le jus de pomme,
j'utilise une centrifugeuse et des
pommes Granny Smith. J'ajoute aussi
une pincée d'acide ascorbique pour
éviter que le jus ne change de couleur.

montage

*2 pommes vertes coupées en petits dés + 5 c. à soupe d'huile d'olive + pistaches grillées en quantité suffisante
+ micro-coriandre ou, à défaut, coriandre ordinaire*

mélanger les pommes et l'huile d'olive, puis déposer au fond des bols ❙ **couvrir** de crème au miel ❙ **écraser** quelques
pistaches ❙ **gratter** le granité, puis en garnir la crème et ajouter la coriandre ❙ **terminer** le montage en ajoutant quelques
morceaux de meringue.

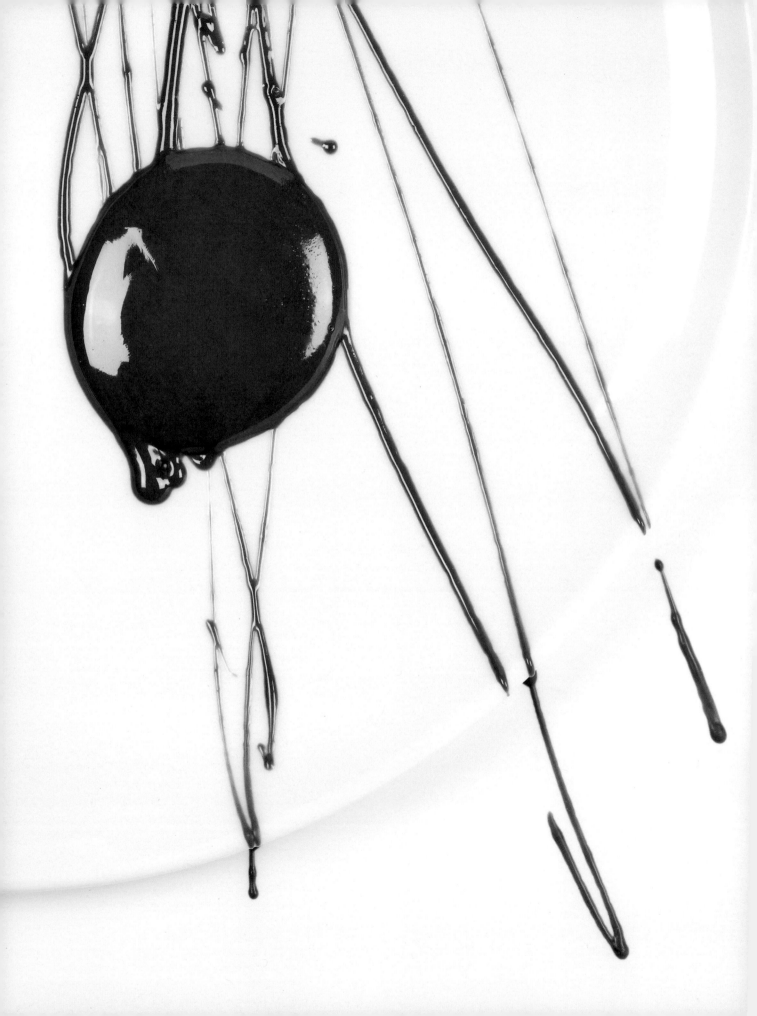

chocolat au lait

Quand je vais au restaurant, il est plutôt rare que je commande un dessert au chocolat. Je préfère finir mon repas par un dessert fruité. Ce n'est pas que je n'aime pas le chocolat, mais je le préfère en plus petites doses. Il m'arrive rarement de passer une journée sans mettre la main dans un sac de chocolat pour en dérober quelques pastilles. La plupart du temps, il s'agit de chocolat noir (en particulier, l'Araguani 72 % de Valrhona). Mais j'ai parfois des rages de chocolat au lait. Dans ces moments, c'est le Jivara 40 % de Valrhona qui comble mes fringales.

crème chocolat au lait

Cette crème hyper onctueuse est la recette idéale pour mettre en valeur les arômes de caramel du chocolat au lait. Pour obtenir une texture optimale, il est fortement recommandé d'émulsionner la crème avec un mélangeur à immersion. Une fois émulsionnée, la crème peut aussi être coulée dans des moules flexibles et congelée. Au besoin, les crèmes peuvent être démoulées et décongelées au réfrigérateur.

portions : 8   **préparation et cuisson :** 20 minutes
matériel : 8 verres ou petits pots

125 ml (½ tasse) de lait
125 ml (½ tasse) de crème 35 %
1 c. à soupe de sucre
3 jaunes d'œufs
Une feuille de gélatine préalablement réhydratée
175 g (1 ⅓ tasse) de chocolat au lait 40 % de très grande qualité

dans une casserole, porter à ébullition le lait, la crème et le sucre.

dans un cul-de-poule, fouetter légèrement les œufs.

tout en fouettant, verser graduellement le liquide bouillant sur les œufs.

remettre le mélange dans la casserole et cuire à feu moyen, en brassant constamment, jusqu'à ce que la crème nappe le dos de la cuillère ou qu'elle atteigne 85 °C (185 °F). Retirer du feu et ajouter la gélatine. Brasser.

déposer les pastilles de chocolat dans un récipient en hauteur et passer la crème anglaise dans un chinois étamine au-dessus des pastilles. Laisser reposer pendant 1 minute.

à l'aide d'un mélangeur à immersion, émulsionner la crème en prenant soin de laisser le mélangeur dans le chocolat pour éviter la formation de bulles d'air.

mettre une pellicule plastique directement sur la surface de la crème pour éviter la formation de condensation. Laisser prendre au réfrigérateur pendant au moins 12 heures.

La Crème chocolat au lait doit être faite au moins 12 heures à l'avance.

pot de crème chocolat au lait,

chantilly au caramel et arachides salées Vous aimez

mon pot de crème traditionnel ? En voici une version
un peu simplifiée, inspirée de la combinaison classique
des arachides et du chocolat au lait. La chantilly au
caramel est une solution de rechange plus simple que
la mousse au caramel de la recette originale et elle est
tout aussi délicieuse.

portions : 6 à 8   **préparation et cuisson :** 45 minutes
matériel : 6 ou 8 verres ou petits pots, une plaque à pâtisserie

La chantilly au caramel doit être faite
au moins 6 heures à l'avance.

le pot de crème
chocolat au lait

Une recette de base de Crème chocolat
   au lait (voir p. 49)

préparer la recette de base de la Crème chocolat au lait.
une fois émulsionnée, verser la crème encore liquide dans des verres ou dans
des petits pots, puis laisser prendre au réfrigérateur.

la chantilly au caramel

375 ml (1 ½ tasse) de crème 35 %
½ gousse de vanille fendue et grattée
80 g (¹/₃ tasse + 1 c. à soupe) de
  cassonade
Une feuille de gélatine préalablement
  réhydratée

dans une petite casserole, porter à ébullition la crème et la vanille. Retirer du feu et réserver.

dans une autre casserole, mettre la cassonade et chauffer à feu élevé, en brassant constamment avec une cuillère en bois. Lorsque la cassonade a complètement fondu et qu'elle commence à bouillir, régler le feu au plus bas et y verser graduellement la crème chaude. À cette étape, il faut être très prudent, car c'est extrêmement chaud.

une fois que toute la crème est incorporée, laisser mijoter pendant 1 minute pour s'assurer que tout le caramel est bien fondu.

retirer du feu, ajouter la feuille de gélatine, verser le mélange dans un bol que l'on dépose dans un bol plus grand rempli de glace et laisser refroidir.

laisser au réfrigérateur pendant au moins 6 heures.

les arachides salées

1 blanc d'œuf
190 g (1 tasse) d'arachides
3 c. à soupe de sucre
1 c. à café (1 c. à thé) de sel de Maldon*
  ou d'un autre type de fleur de sel

fouetter le blanc d'œuf pour le rendre mousseux. Ajouter les arachides et bien mélanger pour les enrober du blanc d'œuf.

saupoudrer de sucre et de sel, mettre sur une plaque à pâtisserie couverte d'un tapis en silicone ou de papier sulfurisé et cuire au four, à 180 °C (350 °F), pendant environ 8 minutes.

Cuire les arachides au four à 180 °C (350 °F).

montage

avec un batteur électrique, fouetter la chantilly au caramel jusqu'à l'obtention de pics mous ❙ **à l'aide d'une poche à pâtisserie,** dresser la chantilly dans les verres, sur la crème chocolat ❙ **garnir** de quelques arachides salées.

cake aux noisettes,

crème chocolat au lait et pulpe de poires caramélisées au sirop d'érable

Chocolat au lait et noisettes, un autre grand classique. Ici, la noisette est en vedette. Gâteau, crème, poudre d'huile et noisettes pralinées en présentent diverses facettes. Et la pulpe de poires saura trouver bien d'autres utilisations.

portions : 6 à 8
préparation et cuisson : 2 heures
matériel : une plaque à pâtisserie

Il vous faut une recette de base de Crème chocolat au lait (voir p. 49).

le cake aux noisettes

160 g (²/₃ tasse + 1 c. à soupe) de beurre
3 œufs
400 g (1 ¾ tasse + 1 c. à soupe) de cassonade
250 ml (1 tasse) de lait
140 g (½ tasse) de pâte de praliné* du commerce
100 g (²/₃ tasse) de farine
125 g (¾ tasse + 2 c. à soupe) de farine de blé entier
1 c. à soupe de levure chimique (poudre à pâte)
1 c. à café (1 c. à thé) de sel

dans une casserole, faire chauffer le beurre à feu moyen jusqu'à ce qu'il soit légèrement coloré, c'est ce que l'on appelle du beurre noisette.
au batteur électrique, blanchir les œufs et la cassonade.
incorporer graduellement le beurre noisette.
ajouter le lait et la pâte de praliné.
ajouter finalement les ingrédients secs préalablement tamisés ensemble.
cuire au four sur une plaque à pâtisserie couverte d'un tapis en silicone ou de papier sulfurisé, à 150 °C (300 °F), pendant environ 25 minutes.
laisser le gâteau revenir complètement à la température de la pièce avant de le démouler, puis le couper en carrés d'environ 4 cm (1 ½ po).

la crème de noisettes

300 ml (1 ¼ tasse) de lait
3 c. à soupe de sucre
½ c. à café (½ c. à thé) de sel
150 g (1 tasse) de noisettes grillées
5 g (2 ½ c. à thé) d'agar-agar*

dans une casserole, porter à
ébullition le lait, le sucre et le sel.
Retirer du feu, ajouter les noisettes,
couvrir et laisser infuser pendant
30 minutes.

passer le lait au chinois pour en retirer
les noisettes.

remettre à feu élevé puis, au fouet,
incorporer l'agar-agar. Laisser bouillir
pendant 1 minute en continuant
de brasser.

verser dans un contenant résistant à
la chaleur, puis laisser prendre au
réfrigérateur.

démouler la gelée, la couper en petits
cubes et faire une purée parfaitement
lisse au mélangeur.

passer la crème au chinois étamine et
conserver au réfrigérateur.

la poudre de noisettes

150 g (1 tasse) de noisettes entières,
blanchies et grillées
140 ml (½ tasse + 1 c. à soupe) d'huile
de noisette
110 g (5 tasses) de maltodextrine
de tapioca*
60 g (½ tasse) de sucre à glacer

dans un robot culinaire, avec la
lame, mélanger les noisettes pour les
réduire en poudre. Réserver.

toujours dans le robot, avec la
lame, mélanger l'huile de noisette avec
la maltodextrine de tapioca pour
obtenir une fine poudre.

ajouter le sucre à glacer et les
noisettes préalablement pulvérisées et
pulser pour obtenir un mélange
homogène. Conserver au sec.

les noisettes pralinées

60 ml (¼ tasse) d'eau
100 g (½ tasse) de sucre
200 g (1 ⅓ tasse) de noisettes entières
blanchies et grillées

dans une casserole, préparer un
sirop en portant l'eau et le sucre
à ébullition.

cuire le sirop jusqu'à 115 °C (240 °F),
le retirer du feu, ajouter les noisettes
d'un seul coup, puis brasser avec une
cuillère en bois jusqu'à ce que le
sucre cristallise.

transférer dans une autre casserole,
remettre sur le feu et brasser avec une
cuillère en bois pour faire caraméliser
la fine couche de sucre qui enrobe
les noisettes.

verser sur une plaque couverte d'un
tapis en silicone ou de papier sulfurisé
et séparer les noisettes pendant qu'elles
sont encore tièdes.

la pulpe de poires caramélisées au sirop d'érable

6 poires Bartlett
80 ml (¹/₃ tasse) de sirop d'érable
1,5 g (½ c. à thé) de gomme de xanthane*

éplucher les poires, les couper en quartiers et en retirer le cœur.

mélanger les poires avec le sirop d'érable, les déposer dans un plat allant au four et cuire à 200 °C (400 °F), pendant environ 25 minutes, en les remuant toutes les 5 minutes, jusqu'à ce que les poires caramélisent. Il est important de brasser les poires à plusieurs reprises pour obtenir une coloration homogène.

laisser les poires revenir à la température de la pièce. Au mélangeur, en faire une purée en leur ajoutant la gomme de xanthane.

les poires pochées

200 g (1 tasse) de sucre
600 ml (env. 2 ½ tasses) d'eau
2 c. à soupe de jus de citron
Une pincée d'acide ascorbique
8 poires Bartlett

dans une casserole, faire un sirop en portant à ébullition le sucre, l'eau, le jus de citron et l'acide ascorbique. Retirer du feu et réserver.

éplucher les poires, les couper en quartiers et en retirer le cœur.

déposer les poires dans le sirop et cuire à feu modéré pendant environ 20 minutes.

retirer du feu et laisser les poires revenir à la température de la pièce dans le sirop.

le sorbet aux poires

500 g (2 ½ tasses) de poires pochées et égouttées
3 ½ c. à soupe de sirop de pochage

au mélangeur, faire une purée avec les poires pochées et le sirop. Turbiner dans une sorbetière ou congeler dans des contenants à Pacojet*.

montage

une recette de base de Crème chocolat au lait (voir p. 49)

dans une assiette, déposer 2 carrés de cake aux noisettes **I dresser** la Crème chocolat au lait avec une poche à pâtisserie **I garnir** l'assiette de la pulpe de poires, de la crème de noisettes, de la poudre de noisettes et des noisettes pralinées **I terminer** le montage par du sorbet aux poires.

chocolat blanc

On a porté atteinte à sa réputation à maintes reprises. Il doit vivre dans l'ombre de son populaire voisin, le chocolat noir. Je dois avouer que, pendant plusieurs années, je n'ai même pas tenté de l'approcher. Mais comme j'aime les défis, un jour, j'ai décidé de lui redonner une place sur mon menu. Oui, il est vrai que le chocolat blanc est composé en grande partie de sucre et de matières grasses, le beurre de cacao. Mais pourquoi ne pas l'utiliser pour ces propriétés ? Sa saveur lactée et vanillée peut en faire le complément idéal de plusieurs fruits acides ou amers.

crème yogourt chocolat blanc

Cette crème est rapidement devenue une incontournable sur mes menus. Sa texture hyper onctueuse et l'acidité apportée par le yogourt expliquent aussi que l'équipe de cuisine en raffole… Ce dessert contient 3 ingrédients seulement. D'où l'importance de leur qualité. Pour obtenir une texture onctueuse à souhait, je vous conseille fortement d'utiliser un yogourt nature de style méditerranéen. Attention aussi de ne pas trop fouetter la crème après l'incorporation du yogourt, car le mélange pourrait devenir granuleux.

portions : 6 à 8   **préparation et cuisson :** 10 minutes

240 g (1 ¾ tasse) de pastilles de chocolat blanc
160 ml (²/₃ tasse) de crème 35 %
215 g (¾ tasse) de yogourt nature 10 %

mettre le chocolat dans un cul-de-poule.
dans une casserole, porter la crème à ébullition, la verser sur le chocolat et laisser reposer pendant 1 minute. Le temps de repos permet au chocolat de se réchauffer et facilitera l'émulsion avec la crème.
à l'aide d'un fouet, mélanger jusqu'à ce que le chocolat soit bien fondu.
ajouter tout le yogourt et, toujours au fouet, l'incorporer au chocolat. Pour finir, brasser avec une spatule souple en silicone, pour ne pas trop fouetter la crème.
verser dans un contenant et réfrigérer pendant au moins 12 heures.

La crème doit être faite au moins 12 heures à l'avance.

poêlée de petits fruits poivre et citron, crème yogourt chocolat blanc

La crème yogourt possède des affinités avec les fruits acides, c'est donc un partenaire tout indiqué pour tous les fruits rouges.

portions: 6 à 8   **préparation et cuisson:** 20 minutes
matériel: 6 ou 8 verres ou bols

Les petits fruits nécessitent très peu de cuisson. Un aller-retour dans une poêle bien chaude permettra de concentrer leurs arômes sans les dénaturer.

Il vous faut une recette de base de Crème yogourt chocolat blanc (voir p. 61).

125 ml (½ tasse) de miel
12 fraises
12 cerises Bing
24 framboises
12 mûres
24 bleuets
12 cerises de terre
5 c. à soupe de jus de citron
Le zeste de 1 citron
Poivre fraîchement moulu
Une recette de base de Crème yogourt
   chocolat blanc (voir p. 61)
Fines herbes fraîches (mélisse, coriandre,
   basilic et autres fines herbes)

dans une grande poêle, chauffer le miel à feu élevé et le laisser bouillir un peu. Ajouter tous les fruits et les cuire pendant quelques secondes. Retirer du feu, ajouter le zeste de citron et quelques tours de moulin à poivre.
répartir les fruits entre les verres, surmonter chacun d'entre eux d'une bonne cuillerée de Crème yogourt chocolat blanc et garnir de fines herbes.

granité aux litchis,

crème yogourt chocolat blanc, pamplemousse, gelée de Campari et croquant à l'hibiscus

Le granité aux litchis est le dessert dont je suis le plus fier. Il représente tout ce que j'aime dans un dessert : fraîcheur, acidité et concentration des saveurs. C'est un dessert tout en contraste : douceur du chocolat blanc, amertume du Campari, acidité du pamplemousse et saveur explosive du litchi.

portions : 6 à 8
préparation et cuisson : 2 heures
matériel : 6 ou 8 bols creux
une plaque à pâtisserie

le granité aux litchis

2 c. à soupe de sucre
250 g (1 tasse) de purée de litchis*
  surgelée du commerce
Une feuille de gélatine préalablement
  réhydratée
1 c. à soupe de jus de citron

dans une petite casserole, faire fondre le sucre et le quart de la purée de litchis. Retirer du feu, puis incorporer la gélatine.
ajouter le reste de la purée et le jus de citron.
verser dans un contenant au couvercle hermétique et laisser prendre complètement au congélateur.

Le côté floral du litchi m'a incité à introduire dans ce dessert de l'hibiscus, de la rose sauvage et des fleurs de bleuet.

Couvrir le fond d'un contenant légèrement huilé de pellicule plastique.

Couper la gelée en petits cubes.

Garnir le dessert de fleurs de bleuet.

la crème yogourt chocolat blanc

Une recette de base de Crème yogourt chocolat blanc (voir p. 61)
Une feuille de gélatine

dans cette recette, la crème doit être un peu plus ferme. Pour y arriver, ajouter une feuille de gélatine dans la crème chaude avant de la verser sur le chocolat.

la gelée de Campari

250 ml (1 tasse) de jus de pamplemousse rose

3 c. à soupe de sucre

4 feuilles de gélatine préalablement réhydratées

85 ml (env. $^1/_3$ tasse) de Campari

dans une casserole, porter à ébullition le jus et le sucre. Retirer du feu, puis écumer le mélange. Ajouter la gélatine et le Campari.

huiler légèrement un contenant peu profond. Couvrir le fond d'une couche de pellicule plastique de manière qu'il y ait le moins de plis possible dans la pellicule. Y verser la gelée et laisser prendre au réfrigérateur pendant quelques heures. Démouler la gelée en tirant sur la pellicule plastique, puis la couper en cubes de 1 cm (½ po).

le croquant à l'hibiscus

4 pommes vertes épluchées, évidées et coupées en cubes

150 ml (env. $^2/_3$ tasse) d'eau

100 g (½ tasse) d'isomalt* ou de sucre cristallisé (mais le mélange sera un peu moins croquant avec du sucre)

3 c. à soupe de fleurs d'hibiscus* séchées

1 blanc d'œuf

dans une casserole, cuire tous les ingrédients, sauf le blanc d'œuf, à feu moyen jusqu'à ce que les pommes n'offrent plus de résistance. Réduire en une purée parfaitement lisse, ajouter le blanc d'œuf puis, à l'aide d'une spatule, étaler le mélange en une fine couche sur une plaque à pâtisserie couverte d'un tapis en silicone ou de papier sulfurisé.

cuire au four, à 110 °C (225 °F), pendant environ 1 ½ heure. Décoller le croquant lorsqu'il est encore chaud.

le pamplemousse

2 pamplemousses

50 g (¼ tasse) de sucre

6 ½ c. à soupe d'eau

à l'aide d'un couteau bien aiguisé, peler les pamplemousses à vif et en retirer les suprêmes. Couper chacun des suprêmes en 3 morceaux, puis les mettre dans un petit contenant.

porter l'eau et le sucre à ébullition, puis verser ce mélange sur les pamplemousses. Conserver au réfrigérateur.

montage

poudre de roses sauvages en quantité suffisante* (facultatif) + *4 fleurs de bleuet*

dans des bols creux, déposer 8 morceaux de pamplemousse **I ajouter** 6 cubes de gelée de Campari puis, à l'aide d'une poche à pâtisserie, couvrir le tout de Crème yogourt chocolat blanc **I à l'aide d'une fourchette,** gratter le granité pour former des cristaux, puis déposer l'équivalent de 2 cuillerées à soupe au centre de chaque dessert **I garnir** de croquant à l'hibiscus, de poudre de roses, si désiré, et des fleurs de bleuet.

chocolat noir

De tous les ingrédients utilisés en pâtisserie, le chocolat est sans doute celui qui évoque le plus la gourmandise et le plaisir. Depuis quelques années, l'engouement pour le chocolat noir de bonne qualité ne cesse de grandir. Il est de plus en plus facile de s'en procurer. Le consommateur a maintenant l'embarras du choix quant à l'origine des fèves de cacao et au pourcentage de cacao qu'il contient.

mousse au chocolat noir

Voici un grand classique qui réussit à tous coups à séduire les gourmands. Tous les pâtissiers ont leur recette de mousse au chocolat et les variations sont nombreuses. Comme je suis un adepte du chocolat Valrhona, ma recette provient de leur école. J'utilise une base de crème anglaise et de crème fouettée.

portions : 8   **préparation et cuisson :** 30 minutes
matériel : 8 verres ou ramequins

500 ml (2 tasses) de crème 35 %
125 ml (½ tasse) de lait
125 ml (½ tasse) de crème 35 %
2 c. à soupe de sucre
3 jaunes d'œufs
350 g (2 ½ tasses) de pastilles de chocolat noir de très grande qualité

au batteur électrique, fouetter les 500 ml (2 tasses) de crème jusqu'à l'obtention d'une texture mousseuse. Il est primordial que la crème ne soit pas trop ferme. Une crème aux pics fermes donnerait une mousse sèche, donc beaucoup moins crémeuse. Réserver.

porter à ébullition le reste de la crème, le lait et la moitié du sucre. Dans un cul-de-poule, blanchir les jaunes d'œufs et le reste du sucre. Tout en brassant avec un fouet, verser graduellement le liquide bouillant sur les jaunes. Remettre à feu moyen et cuire, en brassant constamment avec une cuillère en bois, jusqu'à ce que la crème nappe le dos de la cuillère ou qu'elle atteigne 85 °C (185 °F). Retirer du feu et passer la crème dans un chinois étamine au-dessus des pastilles de chocolat. Laisser reposer pendant 1 minute.

à l'aide d'un fouet, émulsionner la crème anglaise et le chocolat. Avec une spatule souple en silicone, incorporer en deux fois la crème fouettée dans le mélange de chocolat. Le mélange doit être lisse et homogène. Verser simplement la mousse dans des verres ou la dresser à l'aide d'une poche à pâtisserie pour une présentation un peu plus élaborée. Réfrigérer pendant au moins 8 heures.

La mousse doit être faite au moins 8 heures à l'avance.

Le dessert du

jour

mousse au chocolat noir, compote de bananes et langues de chat aux épices

Quoi de mieux pour accompagner la mousse au chocolat que des langues de chat ? Dans cette version, elles sont parfumées aux épices. J'utilise un mélange maison : cardamome, cannelle de Ceylan, girofle, anis étoilé, poivre noir, muscade, macis, fèves tonka*…

portions : 6 à 8   **préparation et cuisson :** 1 heure
matériel : une plaque à pâtisserie

la compote de bananes

Il vous faut une recette de base de Mousse au chocolat noir (voir p. 71).

2 bananes épluchées et coupées
  en rondelles
3 c. à soupe de cassonade
1 c. à soupe de jus de citron
Eau en quantité suffisante

dans une poêle, à feu élevé, cuire les bananes, la cassonade et le jus de citron, jusqu'à ce que les bananes aient la consistance d'une compote. Si le mélange semble trop épais, ajouter un peu d'eau. Laisser refroidir.

les langues de chat
aux épices

125 g (½ tasse + 1 c. à soupe) de beurre
  mou
100 g (½ tasse) de sucre
1 c. à café (1 c. à thé) d'épices (voir
  l'introduction de la recette)
2 œufs
125 g (¾ tasse + 2 c. à soupe) de farine

Une recette de base de Mousse au
  chocolat noir (voir p. 71)

au batteur électrique, crémer le beurre, le sucre et les épices. Ajouter les œufs un par un. Ajouter finalement la farine.

à l'aide d'une poche à pâtisserie munie d'une petite douille unie, dresser environ 24 langues de chat sur une plaque couverte d'un tapis en silicone ou de papier sulfurisé.

cuire au four, à 180 °C (350 °F) pendant environ 8 minutes, jusqu'à ce que les langues de chat soient légèrement dorées.

laisser refroidir à la température de la pièce et conserver dans un récipient hermétique, au sec.

sur une assiette, dresser la mousse à l'aide d'une poche à pâtisserie ou à l'aide d'une cuillère. Garnir de 2 langues de chat et de la compote de bananes.

Le **chef** vous propose

mousse au chocolat noir, glace au sésame grillé, mousse aux bananes et gelée de citron

L'une de mes glaces préférées entre dans la composition de ce dessert. Elle est préparée avec une infusion de sésame grillé. La saveur qui en résulte est complexe et parfumée, et l'accord chocolat banane est très intéressant. La gelée de citron apporte cette touche de fraîcheur qui vient réveiller les papilles.

portions : 8
préparation et cuisson : 2 heures
matériel : une plaque à pâtisserie
8 moules flexibles en silicone de 6 cm (2 ½ po)
un emporte-pièce rond

Il vous faut une recette de base de Mousse au chocolat noir (voir p. 71).

le biscuit au chocolat sans farine

175 g (¾ tasse) de beurre mou
100 g (½ tasse) de sucre
4 c. à soupe de cacao
6 jaunes d'œufs
1 œuf
240 g (1 ¾ tasse) de pastilles de chocolat noir fondues
10 blancs d'œufs
125 g (½ tasse + 2 c. à soupe) de sucre

au batteur électrique, crémer le beurre avec les 100 g (½ tasse) de sucre et le cacao. Ajouter les jaunes et l'œuf un par un. Incorporer les pastilles de chocolat fondues, verser le mélange dans un cul-de-poule et réserver.
toujours au batteur électrique, monter les blancs d'œufs en neige. Lorsqu'ils forment des pics mous, incorporer graduellement le sucre et fouetter jusqu'à l'obtention d'une meringue lustrée. Ne pas trop fouetter, car la meringue serait cassante.
avec une spatule souple en silicone, incorporer les blancs montés dans le mélange de chocolat.
verser le mélange sur une plaque couverte d'un tapis en silicone ou de papier sulfurisé et cuire au four, à 180 °C (350 °F), pendant 8 minutes.
laisser le gâteau revenir à la température de la pièce et le réfrigérer avant de le démouler. Le couper ensuite avec un emporte-pièce rond.

le montage des mousses

Une recette de base de Mousse au chocolat noir (voir p. 71)

préparer une recette de base de Mousse au chocolat noir.

remplir aux trois quarts de mousse les moules en silicone. Ajouter un rond de biscuit au chocolat sans farine.

laisser prendre complètement au congélateur.

démouler les mousses et laisser décongeler au réfrigérateur.

la glace au sésame grillé

110 g (¾ tasse) de graines de sésame
500 ml (2 tasses) de lait
250 ml (1 tasse) de crème 35 %
120 g (½ tasse + 2 c. à soupe) de sucre
6 jaunes d'œufs

sur une plaque, au four, à 180 °C (350 °F), faire griller les graines de sésame jusqu'à ce qu'elles soient bien dorées. Les laisser refroidir à la température de la pièce.

porter à ébullition le lait, la crème et la moitié du sucre. Réserver.

dans un cul-de-poule, blanchir les jaunes d'œufs avec le reste du sucre.

tout en brassant avec un fouet, verser graduellement le liquide bouillant sur les jaunes. Remettre sur le feu et cuire, à feu moyen, en brassant continuellement avec une cuillère en bois, jusqu'à ce que la crème nappe le dos de la cuillère ou qu'elle atteigne 85 °C (185 °F). Retirer du feu, ajouter les graines de sésame et laisser infuser pendant 10 minutes. Verser le mélange dans un bol que l'on dépose dans un bol plus grand rempli de glace, puis brasser jusqu'à ce que le mélange soit complètement froid. Passer au chinois étamine et turbiner dans une sorbetière ou congeler dans un contenant à Pacojet*.

la mousse aux bananes

75 g (¹/₃ tasse) de cassonade
2 bananes de grosseur moyenne épluchées et tranchées
1 gousse de vanille fendue et grattée
250 ml (1 tasse) d'eau
2,7 g (2 c. à thé) de Versawhip 600K*
1 g (½ c. à thé) de gomme de xanthane*

dans une casserole, à sec, faire légèrement caraméliser la cassonade. Ajouter les bananes et la vanille. Cuire pendant environ 2 minutes, jusqu'à ce que les bananes soient bien caramélisées. Verser l'eau, porter à ébullition, puis retirer du feu. Couvrir et laisser infuser 30 minutes. Passer au chinois étamine sans presser le mélange, il faut seulement récupérer l'infusion de bananes et vanille.

verser l'infusion dans un contenant en hauteur. Avec un mélangeur à immersion, incorporer le Versawhip et la gomme de xanthane. Mélanger pendant 1 minute.

mettre le mélange dans le bol d'un batteur électrique et fouetter jusqu'à l'obtention de pics fermes.

la gelée de citron

125 g (½ tasse + 2 c. à soupe) de sucre
125 ml (½ tasse) d'eau
5 g (2 ½ c. à thé) d'agar-agar*
125 ml (½ tasse) de jus de citron

Cuire les bananes avec la cassonade et la vanille pour bien les caraméliser.

dans une casserole, à feu élevé, chauffer le sucre et l'eau. À l'aide d'un fouet, incorporer l'agar-agar et porter à ébullition. Laisser bouillir pendant 1 minute.

retirer du feu, ajouter le jus de citron, puis verser dans un contenant. Laisser prendre complètement au réfrigérateur.

démouler et couper la gelée en petits cubes. À l'aide d'un mélangeur, faire une purée parfaitement lisse. Passer au chinois étamine et réserver au réfrigérateur.

Passer l'infusion au chinois étamine sans presser.

Divers produits utilisés en pâtisserie.

montage

déposer une Mousse au chocolat noir sur l'assiette **❙ ajouter** de la glace au sésame **❙ garnir** de la mousse aux bananes et de la gelée de citron.

citron

De tous les fruits présents dans ma pâtisserie, le citron est sans aucun doute celui que j'utilise le plus. Son zeste est irremplaçable pour parfumer gâteaux et biscuits. Son jus fait des merveilles pour rehausser la saveur des autres fruits. Et son acidité apporte une fraîcheur à plusieurs préparations : sorbets, salade de fruits, sirop de pochage, fruits caramélisés… Quand je veux obtenir un dessert vraiment citronné, rien ne peut remplacer le *lemon curd* ou crème de citron. Puisant ses origines en Angleterre, le *lemon curd* était traditionnellement mangé à l'heure du thé. On en tartinait scones et cakes. Ses ingrédients sont toujours les mêmes : jus et zeste de citron, sucre, œufs et beurre. Les proportions varient selon le degré d'acidité recherché. Comme je suis amateur de citron, je l'aime bien acide et pas trop sucré…

lemon curd

Voici la recette de base que j'utilise. Grâce à la grande quantité de jus de citron, vous pouvez cuire cette crème directement sur le feu, en prenant soin de la fouetter constamment.

portions: 6 à 8   **préparation et cuisson:** 20 minutes

200 ml (¾ tasse + 1 c. à soupe) de jus de citron
Le zeste de 2 citrons
200 g (1 tasse) de sucre
4 œufs
250 g (1 tasse + 2 c. à soupe) de beurre à la température de la pièce

dans une casserole (ne pas utiliser d'aluminium, car la crème aurait un goût métallique), mettre le jus de citron, le zeste et environ la moitié du sucre. Déposer la casserole sur le feu et porter à ébullition. Réserver.

dans un cul-de-poule, blanchir les œufs et le reste du sucre.

tout en fouettant, ajouter graduellement le liquide bouillant sur les œufs. Il est important de bien brasser avec le fouet quand on verse le liquide chaud pour que les œufs puissent se réchauffer graduellement.

remettre la préparation dans la casserole et déposer sur le feu. À ce moment, il faut brasser continuellement avec le fouet et ce, jusqu'à ce qu'un premier bouillon apparaisse. La température du feu n'est pas un élément déterminant. Habituellement, on fait cette recette à feu élevé en fouettant énergiquement. Le résultat sera le même à feu modéré, mais la cuisson sera plus longue.

retirer du feu dès que ça commence à bouillir. Le moyen le plus simple pour incorporer le beurre est de transférer la crème citron dans un contenant à rebord élevé, d'ajouter le beurre graduellement et de fouetter avec le mélangeur à immersion. On peut aussi émulsionner le beurre manuellement en l'incorporant peu à peu à la crème, tout en fouettant.

quand tout le beurre est ajouté et que la crème est bien lisse, passer au chinois ou au tamis fin, couvrir d'une pellicule plastique que l'on place directement sur la crème et laisser prendre au réfrigérateur pendant au moins 8 heures.

Le Lemon curd doit être fait au moins 8 heures à l'avance.

jour

lemon curd, crumble aux amandes et
yogourt au miel

Pour rappeler la célèbre tarte au citron, la crème sera ici servie dans un verre, puis garnie de crumble aux amandes et d'un peu de yogourt au miel. Le crumble peut se conserver quelques jours dans un contenant hermétique.

Il vous faut une recette de base de Lemon curd (voir p. 83).

portions : 6 à 8 **préparation et cuisson :** 30 minutes
matériel : une plaque à pâtisserie, 6 à 8 verres

Le yogourt au miel doit être fait quelques heures à l'avance.

le crumble aux amandes

100 g (²/₃ tasse) de farine
100 g (¹/₃ tasse + 2 c. à soupe) de beurre
100 g (½ tasse) de sucre
75 g (¾ tasse) de poudre d'amande

mettre tous les ingrédients dans le bol du batteur électrique, puis sabler la pâte jusqu'à ce qu'elle commence à avoir une texture granuleuse.
sur une plaque à biscuits couverte d'un tapis en silicone ou de papier sulfurisé, former de petites boules de crumble. Mettre au four à 180 °C (350 °F) pendant environ 10 minutes. Il faut brasser le crumble à quelques reprises pour qu'il se colore uniformément.
conserver à la température de la pièce dans un contenant hermétique.

le yogourt au miel

250 g (1 tasse) de yogourt méditerranéen
2 c. à soupe de miel

Une recette de base de Lemon curd
  (voir p. 83)

mettre un filtre à café dans une petite passoire et poser le tout sur un cul-de-poule.
verser le yogourt, puis laisser égoutter au réfrigérateur pendant quelques heures.
récupérer seulement le yogourt et incorporer le miel.
dans des verres, mettre quelques cuillerées de Lemon curd bien froid.
ajouter 2 c. à soupe de crumble pour couvrir la crème.
garnir d'une bonne cuillerée de yogourt au miel.

Le **chef** vous propose

tartelettes au citron, sorbet à la mangue, mousse au miel, noix de cajou et basilic

Dans cette version, on ajoute une petite quantité d'agar-agar au Lemon curd en début de cuisson. Cela permet de mouler la crème et de la couper selon la forme désirée, tout en conservant une texture très onctueuse.

portions : 8
préparation et cuisson : 2 heures
matériel : une plaque à pâtisserie
un emporte-pièce rond

Le Lemon curd doit être fait quelques heures à l'avance.

le lemon curd à l'agar-agar

200 ml (¾ tasse + 1 c. à soupe) de jus de citron
Le zeste de 2 citrons
200 g (1 tasse) de sucre
4 œufs
3 g (2 c. à thé) d'agar-agar*
250 g (1 tasse + 2 c. à soupe) de beurre à la température de la pièce

dans une casserole, mettre le jus de citron et le zeste.
dans un cul-de-poule, blanchir les œufs avec environ la moitié du sucre.
mélanger le reste du sucre avec l'agar-agar puis, à l'aide d'un fouet, l'incorporer au jus de citron. À feu élevé, porter à ébullition en brassant. Verser graduellement le jus bouillant sur les œufs, en brassant avec le fouet. Remettre dans la casserole et cuire, en fouettant constamment, jusqu'au premier bouillon. Retirer du feu, transférer dans un contenant à rebord élevé, puis ajouter le beurre. Bien émulsionner la crème au citron avec un mélangeur à immersion.
mouler la crème et la mettre au réfrigérateur pendant au moins 6 heures. La mettre ensuite sur une petite plaque à pâtisserie légèrement huilée et couverte de pellicule plastique. Couper 24 petites crèmes au citron avec un petit emporte-pièce rond.

Cuire le sablé jusqu'à ce qu'il soit doré.

Au robot, mélanger le sablé avec l'huile.

Abaisser le sablé entre 2 feuilles de papier sulfurisé.

les sablés aux noix de cajou

110 g (¾ tasse) de noix de cajou

190 g (1 ⅓ tasse) de farine

90 g (¾ tasse) de sucre à glacer

½ c. à café (½ c. à thé) de sel

110 g (½ tasse) de beurre froid coupé en dés

1 c. à soupe d'huile de noix

dans un robot culinaire, avec la lame, réduire en poudre les noix avec la farine, le sucre à glacer et le sel. Ajouter le beurre et pulser jusqu'à la formation d'une masse presque homogène, un peu comme un crumble. Verser sur une plaque couverte d'un tapis en silicone ou de papier sulfurisé et cuire au four, à 160 °C (325 °F), jusqu'à ce que le sablé ait une couleur dorée uniforme. Il est nécessaire de brasser le sablé à quelques reprises pendant la cuisson. Laisser refroidir complètement à la température de la pièce.

remettre le sablé dans le robot, avec la lame, puis ajouter l'huile. Mélanger pendant quelques minutes jusqu'à ce que le sablé reprenne une texture de pâte sablée non cuite. Déposer sur une feuille de papier sulfurisé, couvrir d'une 2e feuille et, à l'aide d'un rouleau à pâtisserie, abaisser la pâte à une épaisseur d'environ 0,5 cm (¼ po). Laisser prendre au réfrigérateur. Couper avec un emporte-pièce de la même grosseur que les crèmes au citron. Conserver au congélateur.

la mousse au miel

125 ml (½ tasse) de miel
6 ½ c. à soupe d'eau
1 g (½ c. à thé) de gomme de xanthane*
2,5 g (1 ½ c. à thé) de Versawhip 600K*

dans une casserole, chauffer le miel
et l'eau. Mettre le tout dans un
mélangeur, incorporer la gomme de
xanthane et le Versawhip. Mélanger
pendant 30 secondes.
transférer dans le bol d'un batteur
électrique et fouetter la mousse jusqu'à
l'obtention de pics mous.

le sorbet à la mangue

350 g (1 ¾ tasse) de morceaux de
  mangue fraîche, pelée
60 g (¼ tasse + 1 c. à soupe) de sucre
125 ml (½ tasse) d'eau
2 c. à soupe de jus de citron
Le zeste de ½ citron

mettre tous les ingrédients dans un
mélangeur et les réduire en une purée
bien lisse. Turbiner dans une sorbetière
ou congeler dans des contenants
à Pacojet*.

montage
micro-basilic ou, à défaut, basilic ordinaire en quantité suffisante + noix de cajou grillées en quantité suffisante
déposer les Lemon curd sur les sablés ‖ **mettre** 3 tartes par assiettes ‖ **garnir** de la mousse au miel, des noix de cajou,
des feuilles de basilic et de sorbet.

clémentine

Évidemment, l'hiver québécois n'est pas la saison la plus propice pour faire pousser des fruits… Par contre, en d'autres pays, comme au Maroc, c'est la période idéale pour en récolter. La clémentine fait son apparition chez nous vers le mois de décembre. Même si elle est délicieuse nature, elle donne de prodigieux résultats en marmelade.

La recette de base

marmelade de clémentines

J'aime bien utiliser une part de jus frais lorsque je fais mes marmelades, plutôt que d'utiliser uniquement de l'eau. De plus, le fait de blanchir les fruits donne une marmelade plus fruitée et moins amère.

Confire les clémentines pendant environ 2 heures.

Hacher la marmelade au couteau.

portions : 6 à 8   **préparation et cuisson :** 2 ½ heures

5 clémentines
Eau en quantité suffisante
200 g (1 tasse) de sucre
180 ml (¾ tasse) de jus de clémentine

à l'aide de la pointe d'un couteau, piquer chacune des clémentines à 6 endroits différents. Déposer les clémentines dans une grande casserole, puis ajouter de l'eau froide pour les couvrir complètement. À feu élevé, porter à ébullition. Dès que ça bout, éteindre le feu, puis retirer les clémentines de l'eau. Refaire l'opération encore 2 fois avec de l'eau froide.

après les 3 blanchiments, ajouter le sucre, le jus de clémentine et verser de l'eau pour bien couvrir les fruits. Cuire à feu moyen pendant environ 2 heures. Il faut maintenir un léger frémissement tout au long de la cuisson.

au terme de la cuisson, lorsque les fruits semblent bien confits, les retirer du feu. Laisser ensuite les clémentines au réfrigérateur pendant toute la nuit. Égoutter les clémentines, puis les hacher finement au couteau. Ajouter juste ce qu'il faut de sirop de cuisson pour obtenir une texture onctueuse. Conserver au réfrigérateur.

panettone, comme un pain perdu, marmelade
de clémentines

On vous a peut-être déjà offert un panettone au temps des Fêtes. Peut-être vous êtes-vous aussi demandé ce que vous pourriez en faire... Voici une façon de transformer ce cadeau en un autre délicieux dessert. Ce gâteau brioché est idéal pour faire du pain perdu.

portions : 6 à 8   **préparation et cuisson :** 30 minutes

4 œufs
100 g (½ tasse) de sucre
1 gousse de vanille fendue et grattée
250 ml (1 tasse) de lait
250 ml (1 tasse) de crème 35 %
1 panettone, pain brioché ou pain de ménage
Beurre en quantité suffisante

Il vous faut une recette de Marmelade de clémentines (voir p. 95).

au fouet, blanchir les œufs, le sucre et la vanille. Ajouter les liquides et bien mélanger.
couper le panettone en tranches épaisses et les passer dans le mélange à pain perdu pour bien les imbiber.
dans une poêle antiadhésive, mettre un peu de beurre et bien faire dorer les tranches de panettone des deux côtés. Finir la cuisson au four, à 180 °C (350 °F), pendant environ 4 minutes.
servir le pain perdu avec la marmelade et un peu de crème fraîche.

panna cotta vanille
safran, gelée de clémentines
et fenouil confit

J'ai un faible pour cette recette. Elle figure sur mon menu presque 12 mois par année. La base reste la même, mais les garnitures changent selon les saisons. Grâce au yogourt, il est possible de préparer cette panna cotta en utilisant moins de gélatine, ce qui lui donne une texture plus délicate et plus onctueuse. Il est aussi possible de couler simplement l'appareil dans des verres et de ne pas les démouler. Il ne reste alors qu'à y déposer les garnitures.

portions: 8
préparation et cuisson: 2 heures
matériel: 8 ramequins de 5 cm (2 po)

Il vous faut une recette de Marmelade de clémentines (voir p. 95).

la panna cotta

La panna cotta doit être faite 8 heures à l'avance et la pâte du financier doit être réfrigérée au moins 2 heures.

4 c. à soupe de sucre
160 ml (²/₃ tasse) de crème 35 %
½ gousse de vanille
Une pincée de safran
1 ½ feuille de gélatine préalablement
  réhydratée dans l'eau froide
240 g (¾ tasse + 2 c. à soupe) de yogourt
  Méditerranée

dans une petite casserole, porter à ébullition le sucre, la crème, la vanille et le safran. Retirer du feu, ajouter la gélatine et laisser infuser pendant 10 minutes.
passer la crème au chinois étamine et, à l'aide d'un fouet, incorporer le yogourt.
verser dans de petits ramequins légèrement badigeonnés d'huile de canola. Laisser prendre au réfrigérateur pendant au moins 8 heures.

Démouler une panna cotta au centre de l'assiette.

la gelée de clémentines

300 ml (1 ¼ tasse) de jus de clémentine
Une pincée de safran
50 g (¼ tasse) de sucre
5 g (2 ½ c. à thé) d'agar-agar*

dans une casserole, verser le jus, puis ajouter le safran et le sucre. Porter à ébullition, retirer du feu et laisser infuser 10 minutes. Passer au chinois pour retirer le safran, puis remettre le mélange dans la casserole. Cuire à feu élevé en incorporant l'agar-agar au fouet. Laisser bouillir pendant 1 minute.
verser dans un contenant résistant à la chaleur, puis laisser prendre au réfrigérateur.
démouler la gelée, puis la couper en petits cubes. À l'aide d'un mélangeur, réduire la gelée en une purée parfaitement lisse. Passer au chinois étamine.

le fenouil confit

Une branche de fenouil
100 g (½ tasse) de sucre
6 ½ c. à soupe d'eau
3 c. à soupe de jus de citron

trancher finement le fenouil et le déposer dans un petit contenant.
porter à ébullition le sucre, l'eau et le jus de citron. Retirer du feu et verser ce mélange sur le fenouil. Conserver au réfrigérateur.

le financier

130 g (½ tasse + 1 c. à soupe) de beurre
250 g (2 tasses + 3 c. à soupe) de sucre à glacer
85 g (¾ tasse + 2 c. à soupe) de poudre d'amande
85 g (½ tasse + 2 c. à soupe) de farine
Le zeste de 2 citrons
7 blancs d'œufs
80 ml (⅓ tasse) d'huile olive

dans une casserole à rebord élevé, mettre le beurre coupé en cubes. Chauffer le beurre à feu moyen, pendant quelques minutes, jusqu'à ce qu'il se colore légèrement. Réserver.
dans le bol du batteur électrique, mettre le sucre, la poudre d'amande, la farine et le zeste. À l'aide d'un fouet, incorporer les blancs d'œufs liquides, puis le beurre noisette et l'huile d'olive.
réfrigérer la pâte pendant au moins 2 heures.
cuire au four, dans des moules individuels, à 180 °C (350 °F), jusqu'à ce que les financiers soient bien dorés.

montage

suprêmes de clémentine + une recette de Marmelade de clémentines (voir p. 95) + petites feuilles de fenouil en quantité suffisante

tremper le fond de chaque crème prise dans de l'eau chaude pendant 4 secondes, puis les démouler au centre d'une assiette **▎ garnir** des points de gelée de clémentines, des suprêmes de clémentine, du fenouil confit et des petites feuilles de fenouil **▎ dans une autre assiette,** une petite assiette que l'on sert à côté, déposer un financier et un petit pot de marmelade.

fraises

S'il y a un produit qui annonce le début de l'été, c'est sans nul doute les fraises du Québec. La saison débute à la mi-juin et s'étire jusqu'à la mi-octobre. Je dois avouer avoir un faible pour les variétés tardives, qui produisent des fruits plus fermes et très savoureux. Les fraises s'accordent particulièrement bien avec les fines herbes fraîches : basilic, coriandre, thym citronné, estragon… En saison, je passe au marché presque tous les jours pour avoir des fruits toujours parfaits qui ne verront jamais le réfrigérateur. Mais que faire avec les fruits qui ont séjourné un peu au frigo ?

consommé de fraises

Voici une recette des plus faciles à préparer. Elle ne comporte que 2 ingrédients, mais le résultat est exceptionnel. Ce consommé peut être conservé au congélateur et venir à votre rescousse lorsque le besoin se fera sentir.

portions: 6 à 8   **préparation et cuisson:** 1 ¼ heure

1 kg (8 tasses) de fraises fraîches équeutées
100 g (½ tasse) de sucre

dans un cul-de-poule, mélanger délicatement les fraises et le sucre. Couvrir le bol hermétiquement d'une pellicule plastique et le déposer sur une casserole remplie d'eau frémissante.

cuire les fraises au bain-marie pendant environ 1 heure. Retirer la pellicule plastique et filtrer délicatement le jus à l'aide d'un chinois étamine en prenant bien soin de ne pas presser les fruits.

il faut laisser le jus s'écouler naturellement des fruits de manière à conserver un liquide parfaitement clair.

Cuire les fraises et le sucre au bain-marie.

Filtrer le jus au chinois étamine sans presser.

Le dessert du
jour

salade pastèque **et fraises** La vinaigrette sucrée s'accorde à merveille avec plusieurs autres fruits : pêches, melons, framboises et autres.

portions : 6 à 8   **préparation :** 15 minutes
matériel : 6 à 8 bols

5 c. à soupe de miel
3 c. à soupe de jus de citron
1 gousse de vanille fendue et grattée
60 ml (¼ tasse) d'huile d'olive
24 cubes de pastèque
24 fraises fraîches coupées en 2
Fines herbes fraîches (basilic, thym,
  estragon et autres)
250 ml (1 tasse) de la recette de base de
  Consommé de fraises (voir p. 105)

Il vous faut une recette de base de Consommé de fraises (voir p. 105).

pour faire la vinaigrette, au fouet, mélanger le miel, le jus de citron et la vanille. Ajouter l'huile d'olive et bien émulsionner.
dans un cul-de-poule, mélanger les cubes de pastèque et les fraises. Ajouter quelques cuillerées de vinaigrette pour bien enrober les fruits. Répartir les fruits dans les bols, puis garnir de fines herbes fraîches et du consommé de fraises.

glace au chèvre frais,
Graham maison et gelée de fraises aux roses sauvages

Même si j'adore le goût d'un bon cheese-cake, j'ai tendance à le trouver toujours beaucoup trop lourd. En voici un revu à ma façon…

portions : 6 à 8
préparation et cuisson : 2 heures
matériel : une plaque à pâtisserie

la glace au chèvre frais

1 litre (4 tasses) de lait
240 g (1 ¼ tasse) de sucre
8 jaunes d'œufs
600 g (env. 1 ¼ lb) de fromage de chèvre frais

dans une casserole, porter à ébullition le lait et la moitié du sucre. Réserver. Dans un cul-de-poule, blanchir les jaunes d'œufs et le reste du sucre. En brassant continuellement au fouet, verser graduellement le liquide bouillant sur les jaunes. Remettre dans la casserole et cuire à feu moyen, en brassant sans arrêt avec une cuillère en bois, jusqu'à ce que la crème anglaise nappe le dos de la cuillère ou qu'elle atteigne 85 °C (185 °F).
verser la crème dans un cul-de-poule, puis déposer celui-ci dans un autre bol plus grand rempli de glace. Brasser jusqu'à ce que la crème soit froide. Verser le mélange dans un contenant à rebord élevé. À l'aide d'un mélangeur à immersion, incorporer le chèvre frais.
turbiner la glace ou la verser dans des contenants à Pacojet*.

Ah ! La saison des fraises…

le Graham maison

190 g (1 ⅓ tasse) de farine
110 g (½ tasse) de cassonade
½ c. à café (½ c. à thé) de bicarbonate
de soude
½ c. à café (½ c. à thé) de sel
4 c. à soupe de beurre
3 c. à soupe de miel
2 c. à soupe de lait
1 gousse de vanille fendue et grattée

au batteur électrique, mélanger la farine, la cassonade, le beurre, le bicarbonate et le sel.

dans une petite casserole, chauffer le miel, le lait et la vanille. Verser le liquide sur les ingrédients secs et mélanger jusqu'à la formation d'une pâte homogène.

avec les mains, former un genre de crumble, puis le déposer sur une plaque couverte d'un tapis en silicone ou de papier sulfurisé. Cuire au four, à 160 °C (325 °F), de 20 à 25 minutes. Quand le Graham est à la température de la pièce, il est important qu'il soit parfaitement sec. L'écraser ensuite avec le fond d'une casserole, pour défaire les plus gros morceaux et obtenir une texture assez fine.

la gelée de fraises aux roses sauvages

180 ml (¾ tasse) de la recette de base
  de Consommé de fraises (voir p. 105)

3 c. à soupe de sirop de rose sauvage
  du commerce

4 g (2 c. à thé) d'agar-agar*

le sirop de citron

6 ½ c. à soupe d'eau

100 g (½ tasse) de sucre

3 ½ c. à soupe de jus de citron

dans une casserole, verser le consommé et le sirop de rose. À feu élevé, incorporer l'agar-agar au fouet et faire bouillir pendant 1 minute. Verser dans un contenant résistant à la chaleur, puis laisser refroidir au réfrigérateur. Démouler la gelée, la couper en petits cubes puis, à l'aide d'un mélangeur, la réduire en une purée parfaitement lisse. Passer la purée au chinois étamine et conserver au réfrigérateur.

dans une casserole, porter à ébullition l'eau et le sucre. Retirer du feu et ajouter le jus de citron. Laisser refroidir complètement.

montage

24 fraises fraîches + fleurs comestibles en quantité suffisante

couper les fraises en 2, puis les arroser légèrement de sirop de citron **|** **déposer** une bonne cuillerée de Graham maison au centre d'une assiette **|** **mettre** les fraises dans l'assiette **|** **garnir** de gelée de fraises et de fleurs **|** **déposer** finalement de la glace au chèvre sur le Graham.

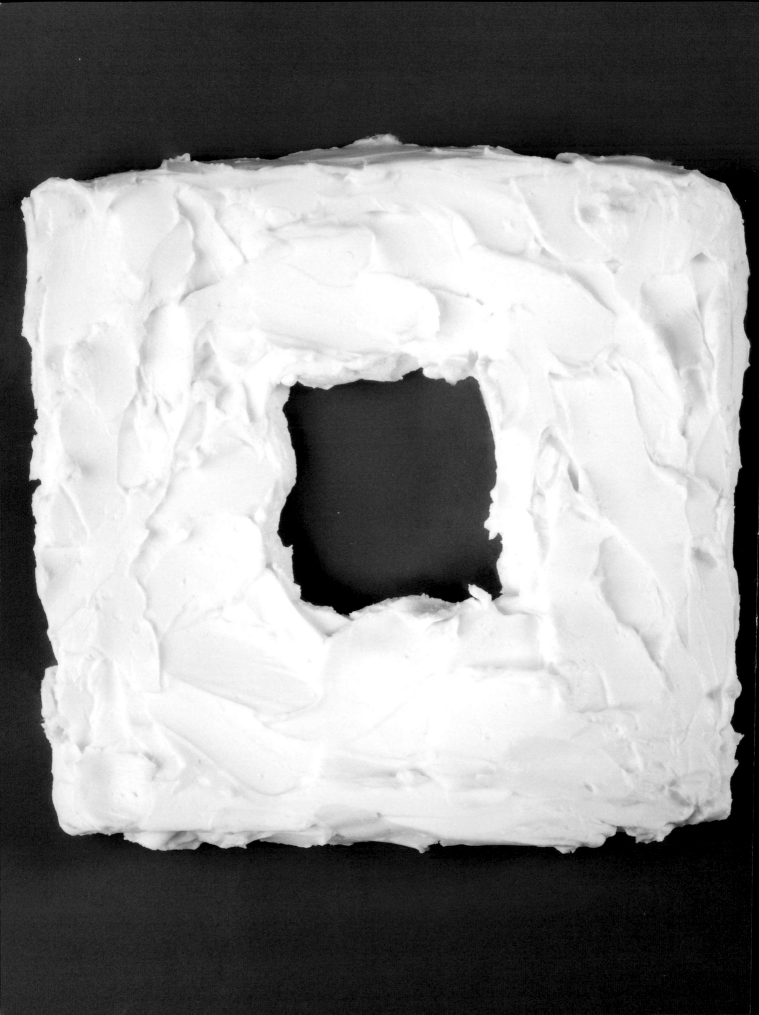

fromage à la crème

Le fromage à la crème occupe une place importante dans l'alimentation nord-américaine. C'est l'un des fromages les plus consommés. Qu'on l'utilise pour tartiner des bagels ou pour confectionner un gâteau, sa texture et son goût font de lui un incontournable sur nos tables. Lorsqu'il est temps de l'utiliser en pâtisserie, mon choix se porte sur le Liberté, qui est fabriqué de manière traditionnelle, sans agents de conservation ni stabilisateurs.

fromage à la crème battu vanille

citron

Voici une crème de base très facile à préparer et vite faite. Le résultat final ressemble à un cheese-cake extrêmement léger. Parfaite pour accompagner des fruits pochés ou poêlés, cette crème peut aussi servir de garniture pour des cakes ou des tartes.

portions : 6 à 8   **préparation :** 15 minutes

1 contenant de 250 g (env. 8 oz) de fromage à la crème
250 ml (1 tasse) de crème 35 %
50 g (¼ tasse) de sucre
½ gousse de vanille
Le zeste de ½ citron

mettre tous les ingrédients dans le bol d'un batteur électrique et fouetter jusqu'à la formation de pics presque fermes.
conserver au réfrigérateur.

salade mangue et pamplemousse à la camomille, fromage à la crème battu

Pour équilibrer la richesse du fromage, voici une salade de fruits rafraîchissante. J'aime utiliser des fleurs séchées comme la camomille et l'hibiscus* pour faire des sirops qui servent de base à mes salades de fruits. Il suffit de faire une visite chez l'herboriste pour trouver l'inspiration…

portions : 6 à 8   **préparation :** 30 minutes

Il vous faut une recette de base de Fromage à la crème battu vanille citron (voir p. 115).

2 mangues
2 pamplemousses
200 g (1 tasse) de sucre
400 ml (env. 1 $^2/_3$ tasse) d'eau
4 c. à soupe de jus de citron
3 c. à soupe de camomille* séchée
Une recette de base de Fromage à la
  crème battu vanille citron (voir p. 115)

éplucher les mangues, puis les trancher finement. Peler les pamplemousses à vif, retirer les suprêmes et les couper en 3.

dans une casserole, porter à ébullition le sucre, l'eau et le jus de citron pour préparer un sirop. Retirer du feu, ajouter la camomille et laisser infuser pendant 3 minutes. Passer le sirop au chinois étamine, puis le verser sur les fruits coupés. Laisser macérer au réfrigérateur.

dans un bol, déposer les tranches de mangue et les morceaux de pamplemousse. Garnir du fromage battu.

portions: 6 à 8
préparation et cuisson: 2 heures
matériel: une plaque à pâtisserie
4 emporte-pièces carrés en métal

Il vous faut une recette de base de
Fromage à la crème battu vanille citron
(voir p. 115).

la gelée de framboises

350 g (1 ½ tasse) de purée de framboises
   surgelée du commerce
3 c. à soupe de sucre
2,6 g (1 ½ c. à thé) d'agar-agar*
4 feuilles de gélatine préalablement
   réhydratées

badigeonner légèrement une plaque
à pâtisserie d'huile de canola.
dans une casserole, mettre la purée
de framboises et le sucre. À l'aide d'un
fouet, incorporer l'agar-agar. À feu
élevé, en brassant toujours avec le
fouet, porter à ébullition. Laisser bouillir
pendant 1 minute. Retirer du feu,
ajouter les feuilles de gélatine et verser
sur la plaque. Il faut s'assurer d'obtenir
une mince couche d'épaisseur
constante. Laisser prendre
complètement au réfrigérateur.
à l'aide d'un emporte-pièce carré,
couper les gelées, puis les soulever
délicatement avec une spatule coudée*.

gelée de framboises, fromage à la crème, sablé aux pistaches et gelée parfumée à la fleur d'oranger

J'ai donné à ce cheese-cake, qui
avait des saveurs plutôt classiques, une forme un peu
plus dynamique. Ici, j'ai voulu mettre l'accent sur la
framboise et sur les saveurs complémentaires de
pistaches et de fleur d'oranger.

Soulever les carrés de gelée de framboises à l'aide d'une spatule coudée.

Cuire les sablés dans les emporte-pièces.

Rouler la gelée autour du fromage battu.

le sorbet aux framboises

750 g (6 tasses) de framboises fraîches
125 ml (½ tasse) d'eau
120 g (²/₃ tasse) de sucre

au mélangeur, réduire les framboises en purée, puis les passer au chinois. Il faut recueillir 550 g (env. 2 tasses) de purée.

préparer un sirop en portant à ébullition l'eau et le sucre, retirer du feu, puis incorporer le sirop à la purée.

turbiner dans une sorbetière ou congeler dans des contenants à Pacojet*.

le sablé aux pistaches

190 g (1 ⅓ tasse) de farine

90 g (¾ tasse) de sucre à glacer

110 g (1 tasse) de pistaches vertes
légèrement grillées

½ c. à café (½ c. à thé) de sel

190 g (¾ tasse + 1 c. à soupe) de beurre
froid en dés

dans un robot culinaire, avec la lame, réduire en fine poudre la farine, le sucre à glacer et les pistaches.
ajouter le sel et le beurre et pulser jusqu'à la formation d'une pâte homogène.
déposer le mélange sur une feuille de papier sulfurisé, puis l'abaisser à une épaisseur d'environ 2 cm (¾ po). Laisser prendre au réfrigérateur.
à l'aide d'emporte-pièces carrés en métal, couper le sablé. Déposer les emporte-pièces et les sablés sur une plaque et cuire au four, à 180 °C (350 °F), pendant environ 12 minutes. Démouler les sablés quand ils sont encore tièdes en soulevant délicatement les emporte-pièces, puis les laisser refroidir complètement à la température de la pièce. Couper chaque sablé en 4.

la gelée de miel parfumée à la fleur d'oranger

160 ml (⅔ tasse) de miel

250 ml (1 tasse) d'eau

70 ml (env. 5 c. à soupe) d'eau de fleur
d'oranger

8 g (4 c. à thé) d'agar-agar*

dans une casserole, mettre le miel, l'eau et la fleur d'oranger. À l'aide d'un fouet, incorporer l'agar-agar. Porter à ébullition et laisser bouillir pendant 1 minute, tout en brassant.
verser la gelée dans un contenant résistant à la chaleur. Laisser prendre complètement au réfrigérateur. Couper la gelée en petits cubes, puis, à l'aide du mélangeur, la réduire en une purée parfaitement lisse. Passer au chinois étamine et conserver au réfrigérateur.

montage

une recette de base de Fromage à la crème battu vanille citron (voir p. 115) + 24 framboises fraîches + feuilles de mélisse ou de mélisse-citronnelle en quantité suffisante + pistaches grillées en quantité suffisante
à l'aide d'une poche à pâtisserie, dresser un tube de fromage battu à la base de chacun des carrés de gelée de framboises **I rouler** la gelée sur elle-même pour former un petit cannelloni, puis le déposer au centre de l'assiette **I déposer** 2 cubes de sablé sur chacune des assiettes **I garnir** de quelques framboises, de la gelée de miel parfumée à la fleur d'oranger, des feuilles de mélisse et des pistaches **I terminer** par du sorbet aux framboises.

pomme

S'il fallait choisir un fruit comme emblème du Québec, la pomme serait sans contredit la candidate idéale. Notre climat en favorise la culture et elle est devenue un incontournable sur nos tables. De plus, nous avons créé de nombreux produits dérivés, dont le cidre de glace que l'on exporte même au Japon. La tarte aux pommes est un classique. Chacun a sa recette et ses secrets… Pour ma part, je dois avouer que j'ai un faible pour la tarte Tatin. Mais c'est malheureusement un dessert qui est souvent raté. Pourtant, quand on utilise la bonne technique pour la préparer, le résultat est sublime. Ici, je me suis inspiré de cette saveur de pommes caramélisées pour créer une purée délicieuse aux utilisations multiples.

La recette de base

purée de pommes caramélisées

Même si les pommes sont réduites en purée, j'aime bien utiliser une pomme qui conserve une certaine texture à la cuisson. La Cortland, qui est facile à trouver, est idéale pour faire cette recette. La purée se conserve dans des bocaux stérilisés ou encore au congélateur.

portions : 6 à 8   **préparation et cuisson :** 1 heure

2 c. à soupe de glucose liquide*
300 g (1 ½ tasse) de sucre
6 ½ c. à soupe d'eau chaude
10 pommes

dans une casserole à rebord élevé, déposer le glucose, le sucre et l'eau. Cuire à feu élevé, sans brasser, pendant environ 5 minutes, jusqu'à l'obtention d'un caramel de consistance moyenne.

retirer du feu et verser en filet l'eau chaude dans la casserole pour rendre le caramel plus liquide. À cette étape, il faut être très prudent, c'est extrêmement chaud et le caramel peut éclabousser. Remettre à feu moyen et laisser mijoter jusqu'à ce que tout le caramel soit bien fondu.

éplucher, évider et couper les pommes en 4. Verser le caramel sur les pommes et transférer le tout dans un contenant allant au four. Mettre au four à 200 °C (400 °F) pendant environ 40 minutes, tout en prenant soin de brasser toutes les 5 minutes pour favoriser une caramélisation optimale. Les fruits sont prêts lorsqu'ils sont caramélisés uniformément et qu'ils n'offrent plus de résistance.

laisser les pommes refroidir à la température de la pièce, puis les réduire en une purée parfaitement lisse au mélangeur. Les passer ensuite au chinois étamine et les conserver au réfrigérateur.

yogourt, pommes caramélisées
et muesli maison Voici un petit-déjeuner spectaculaire.

portions : 8 **préparation :** 1 ½ heure
matériel : une plaque à pâtisserie, 8 verres

Il vous faut une recette de base de Purée de pommes caramélisées (voir p. 125).

Le muesli se conserve pendant plusieurs semaines dans un contenant hermétique.

le muesli maison

3 c. à soupe de miel

3 c. à soupe de beurre

175 g (1 ²/₃ tasse) de flocons d'avoine

4 g (1 c. à thé) de sel de Maldon* ou d'un autre type de fleur de sel

60 g (1 tasse) de flocons de maïs

100 g (1 tasse) de pacanes rôties

130 g (1 tasse) de canneberges séchées

Une recette de base de Purée de pommes caramélisées (voir p. 125)

750 g (env. 2 ½ tasses) de yogourt Méditerranée

dans une casserole, porter à ébullition le miel et le beurre. Retirer du feu et verser sur les flocons d'avoine. Ajouter la fleur de sel et bien mélanger pour les enrober. Transférer le tout sur une plaque à pâtisserie couverte d'un tapis en silicone ou de papier sulfurisé. Cuire au four, à 180 °C (350 °F), jusqu'à ce que les flocons soient bien dorés. Laisser refroidir à la température de la pièce, puis mélanger avec les flocons de maïs, les pacanes et les canneberges.
dans des verres, verser 2 c. à soupe de purée de pommes, puis couvrir de yogourt. Garnir de muesli.

glace aux pacanes,
gelée de pommes caramélisées
et cheddar fort

Ce dessert est une réponse à ceux qui se demandent s'ils doivent finir le repas par du fromage ou par un dessert. Je suis moi-même un amateur de fromage. L'un de mes premiers souvenirs d'enfance, c'est quand je mangeais du cheddar et des pommes comme collation au retour de l'école. Voici un dessert sucré-salé, qui permet de combiner fromage et dessert en un seul service.

portions : 8
préparation et cuisson : 2 heures
matériel : une plaque à pâtisserie
8 moules ronds flexibles de 6 cm (2 ½ po)

la glace aux pacanes

600 ml (env. 2 ½ tasses) de lait
100 g (½ tasse) de sucre
4 jaunes d'œufs
150 g (1 ½ tasse) de pacanes rôties

dans une casserole, porter à ébullition le lait et la moitié du sucre.
dans un cul-de-poule, blanchir au fouet les jaunes et le reste du sucre.
tout en brassant avec le fouet, verser graduellement le liquide bouillant sur les jaunes. Remettre dans la casserole et cuire, à feu modéré, jusqu'à ce que la crème nappe le dos d'une cuillère ou qu'elle atteigne 85 °C (185 °F). Retirer du feu et ajouter les pacanes.
verser la crème dans un cul-de-poule que l'on dépose dans un bol plus grand rempli de glace. La laisser sur glace jusqu'à ce que la crème anglaise soit froide.
à l'aide d'un mélangeur, réduire en une purée bien lisse. Turbiner à l'aide d'une sorbetière ou congeler dans des bols à Pacojet*.

la gelée de pommes caramélisées

540 g (2 tasses) de la recette de base de Purée de pommes caramélisées (voir p. 125)

2 g (½ c. à thé) d'agar-agar*

Une feuille de gélatine préalablement réhydratée

dans une casserole, à feu élevé, incorporer l'agar-agar dans la purée de pommes à l'aide d'un fouet. Laisser bouillir pendant environ 1 minute. Retirer du feu, puis incorporer la gélatine. Verser dans des moules ronds flexibles et laisser prendre au réfrigérateur.

démouler et conserver au réfrigérateur.

la nougatine de pacanes

1 c. à soupe de glucose liquide*
75 g (⅓ tasse + 1 c. à soupe) de sucre
60 ml (¼ tasse) d'eau
100 g (1 tasse) de pacanes rôties

dans une casserole, mettre le glucose et le sucre. Ajouter de l'eau pour couvrir à hauteur et cuire à feu élevé, sans brasser, jusqu'à l'obtention d'un caramel de consistance moyenne. Ajouter les pacanes d'un seul coup et bien remuer pour les enrober du mélange.

transférer sur une plaque à pâtisserie couverte d'un tapis en silicone ou de papier sulfurisé et laisser refroidir complètement à température de la pièce.

hacher grossièrement et conserver au sec dans un contenant hermétique.

Verser la gelée dans des moules flexibles.

Râper le cheddar directement sur l'assiette.

montage

cheddar fort en quantité suffisante + 1 pomme

déposer la gelée au centre de l'assiette ▎ **à l'aide d'une râpe** très fine, râper le cheddar directement sur l'assiette ▎ **couper** la pomme en julienne ▎ **garnir** de morceaux de nougatine de pacanes, de pomme et de glace aux pacanes.

rhubarbe

Tous les ans, j'attends ce moment avec impatience : l'arrivée de la rhubarbe au marché. Après plusieurs mois pendant lesquels je ne peux travailler autre chose que des fruits exotiques et des agrumes, sa présence sur les étals du marché confirme le début du printemps. Comme je suis amateur de saveurs acidulées, la rhubarbe est sans contredit l'un de mes produits préférés. Je la choisis bien rose et plutôt petite, ce qui me permet de ne pas la peler.

compote de rhubarbe

Bien que plusieurs hésitent à consommer de la rhubarbe, je pense qu'il est temps de la réhabiliter et de lui refaire la place qu'elle mérite. Ma recette de compote ne contient que le sucre nécessaire pour mettre en valeur ce magnifique produit, car je n'aime pas en cacher la saveur sous une montagne de sucre. Mais j'aime conserver une certaine texture à ma compote. Je la cuis donc à feu modéré, jusqu'à ce qu'elle soit tendre. Il est primordial de ne pas la cuire à feu élevé, sinon on obtiendrait une soupe de rhubarbe.

portions : 6 à 8   **préparation :** 1 heure

1 kg (7 tasses) de morceaux de rhubarbe d'environ 1 à 2 cm (½ à ¾ po)
300 g (1 ½ tasse) de sucre
Le jus de 1 citron

mettre la rhubarbe dans un bol. Ajouter le sucre et le jus de citron. Bien brasser et laisser macérer pendant environ 30 minutes, ce qui permet à la rhubarbe de perdre une partie de son eau de végétation.

dans une grande casserole, à feu modéré, cuire la rhubarbe jusqu'à ce qu'elle soit tendre. Il est important de la brasser à plusieurs reprises pendant la cuisson. Et il faut absolument stopper la cuisson avant que toute la rhubarbe soit en purée. Éteindre le feu et laisser la rhubarbe dans la casserole pendant quelques minutes pour qu'elle continue de cuire.

la suite dépend d'un facteur, la quantité d'eau de végétation contenue dans la rhubarbe. Parfois, la rhubarbe perd peu ou pas d'eau pendant la cuisson. Dans ce cas, quand la compote est refroidie, elle est prête à servir. Par contre, dans la plupart des cas, la rhubarbe perd beaucoup d'eau pendant la cuisson. Il faut alors réduire le sirop. Lorsque la rhubarbe est cuite et qu'elle n'offre plus de résistance sous la dent, égoutter la compote dans un tamis pour recueillir le sirop excédentaire. Remettre le sirop dans la casserole, sur le feu, et le faire réduire des deux tiers. Remettre ensuite le sirop avec la compote et laisser refroidir. Comme la rhubarbe se défait lors de la cuisson, le fait de réduire le sirop séparément permet de conserver des morceaux dans la compote.

madeleines à l'huile d'olive et

compote de rhubarbe La madeleine, repopularisée par Marcel Proust, est un symbole de la pâtisserie française.

portions : 6 à 8   **préparation et cuisson :** 45 minutes
matériel : 32 moules de 4 cm (1 ½ po)

Il vous faut une recette de base de Compote de rhubarbe (voir p. 135).

4 œufs

70 g (¼ tasse) de trimoline*, de glucose liquide* ou de sirop de maïs

175 g (¾ tasse + 2 c. à soupe) de sucre

200 g (1 ⅓ tasse) de farine

2 c. à café (2 c. à thé) de levure chimique (poudre à pâte)

½ c. à café (½ c. à thé) de sel

200 ml (¾ tasse + 1 c. à soupe) d'huile d'olive

Sucre à glacer en quantité suffisante

Une recette de base de Compote de rhubarbe (voir p. 135)

Il est préférable de réfrigérer la pâte pendant au moins 2 heures.

pour faire les madeleines, dans un robot culinaire, avec la lame, mélanger les œufs avec la trimoline et le sucre pendant environ 2 minutes. Ajouter les ingrédients secs préalablement tamisés ensemble, puis verser l'huile graduellement jusqu'à l'obtention d'une texture bien lisse. À ce point, il est préférable de réfrigérer la pâte pendant au moins 2 heures. Elle peut se conserver de 2 à 3 jours au réfrigérateur et elle peut même être congelée. Il suffira alors de la faire décongeler au réfrigérateur pendant quelques heures.

comme les madeleines sont très légères et que la pâte est extrêmement friable, il est important de beurrer et de fariner les moules et ce, même si on utilise des moules flexibles antiadhésifs. Cuire les madeleines au four, à 180 °C (350 °F), pendant environ 10 à 15 minutes, selon la grosseur des moules utilisés.

servir les madeleines tièdes, saupoudrées de sucre à glacer, avec la compote de rhubarbe.

carpaccio de rhubarbe, sorbet aux fraises, crème au gingembre et feuilles de coriandre

L'un de mes livres de pâtisserie préférés est *Au cœur des saveurs.* Cet ouvrage de Frédéric Bau, directeur de L'école Valrhona, reste pour moi une référence. À ma première lecture, j'avais été impressionné par la préparation d'un carpaccio de figues. La technique du carpaccio de bœuf était appliquée à un fruit. Ici, j'ai appliqué la même technique à la compote de rhubarbe.

portions : 6 à 8
préparation et cuisson : 2 heures

la compote de rhubarbe des pros

1 kg (7 tasses) de morceaux de rhubarbe
300 g (1 ½ tasse) de sucre
Le jus de 1 citron
8 g (2 ½ c. à thé) de pectine NH*
2 c. à café (2 c. à thé) de sucre

procéder exactement comme pour la recette de base de Compote de rhubarbe (voir p. 135).
après avoir récupéré le sirop excédentaire, utiliser une tasse à mesurer pour retirer 180 ml (¾ tasse) de sirop. Verser ce sirop dans une petite casserole et remettre sur le feu. Mélanger la pectine et le sucre qui reste et, tout en fouettant, verser ce mélange en pluie sur le sirop. Laisser bouillir pendant environ 1 minute. Verser le sirop épaissi sur les morceaux de rhubarbe, bien mélanger et conserver au réfrigérateur.

Déposer une cuillerée de compote de rhubarbe sur un carré de pellicule plastique.

Écraser la compote entre les 2 carrés de pellicule plastique.

Déposer les carpaccios encore congelés sur les assiettes.

le carpaccio de rhubarbe

Une recette de Compote de rhubarbe des pros (voir p. 139)

sur un carré de pellicule plastique, mettre une bonne cuillerée de compote. Couvrir d'une 2e feuille et, avec le fond d'une casserole, écraser la compote jusqu'à une épaisseur de 0,2 cm ($^1/_8$ po). Déposer à plat, au congélateur. Quand les carpaccios sont congelés, ils peuvent être coupés selon différentes formes, puis remis au congélateur.

le sorbet aux fraises

500 g (4 tasses) de fraises fraîches
90 g (¹/₃ tasse + 2 c. à soupe) de sucre
Le jus de 1 citron

au mélangeur, réduire en purée les
fraises avec le sucre et le jus de citron.
Turbiner dans une sorbetière ou
congeler dans des bols à Pacojet*.

la crème au gingembre

300 ml (1 ¹/₃ tasse) de lait
3 c. à soupe de sucre
40 g (¼ tasse) de gingembre épluché
   et haché
4 g (2 c. à thé) d'agar-agar*

dans une petite casserole, porter
à ébullition le lait, le sucre et le
gingembre. Retirer du feu et laisser
infuser pendant 10 minutes. Passer au
chinois étamine pour retirer le
gingembre. Remettre dans la casserole,
sur le feu, et incorporer l'agar-agar au
fouet. Laisser bouillir pendant 1 minute.
Verser dans un contenant résistant
à la chaleur, puis laisser durcir au
réfrigérateur. Démouler la gelée, la
couper en petits cubes et, à l'aide d'un
mélangeur, la réduire en une purée très
lisse. Passer la purée au chinois
étamine, puis la conserver
au réfrigérateur.

montage
16 fraises coupées en tranches + quelques feuilles de micro-coriandre ou, à défaut, de coriandre
sortir les carpaccios du congélateur **I decoller** les pellicules plastiques, puis déposer les carpaccios congelés sur des
assiettes **I laisser** reposer pendant 1 minute **I garnir** de sorbet, de quelques points de crème au gingembre, des tranches de
fraises et des feuilles de micro-coriandre.

ricotta

Techniquement, la ricotta n'est pas un véritable fromage. Elle est fabriquée avec du petit-lait. Ce petit-lait est ce qui reste après la coagulation du lait lors de la fabrication des fromages. En pâtisserie, j'aime bien utiliser la ricotta fraîche. La pâtisserie italienne classique en fait une utilisation importante, que ce soit dans les cannoli, la cassata, les biscuits ou les gâteaux de toutes sortes.

beignets à la ricotta
Je dois avouer que j'ai un faible pour les beignets maison. Ceux que je vous propose sont à base de ricotta. Ils sont vraiment simples à préparer, en plus d'être légers et peu sucrés. J'aime travailler la pâte avec une poche à pâtisserie pour former des beignets de taille ordinaire, cela facilite la manipulation.

portions : 8   **préparation et cuisson :** 15 minutes

1 contenant de 250 g (env. 8 oz) de ricotta
50 g (½ tasse) de sucre
Le zeste de 1 orange
Le zeste de 1 citron
3 œufs
190 g (1 ⅓ tasse) de farine
2 c. à café (2 c. à thé) de levure chimique (poudre à pâte)

à l'aide d'un fouet, mélanger la ricotta avec le sucre et les zestes. Incorporer les œufs un par un. Ajouter ensuite la farine et la levure chimique préalablement tamisées ensemble.

remplir de pâte une poche à pâtisserie et conserver au réfrigérateur.

dans une friteuse, à 180 °C (350 °F), frire la pâte jusqu'à l'obtention d'une belle couleur dorée. Terminer la cuisson des beignets au four. Les cuire pendant 2 minutes, à 180 °C (350 °F), pour s'assurer qu'ils sont bien cuits au centre. Saupoudrer généreusement de sucre cristallisé.

La pâte peut être faite quelques heures à l'avance et conservée au réfrigérateur. Pour obtenir de délicieux beignets frais, il suffit ensuite de les frire à l'heure du dessert.

jour

beignets à la ricotta, caramel de figues et crème fraîche au citron

Pendant la saison des figues, je m'empresse de faire des réserves de ce caramel. Il se congèle facilement et il est aussi possible de le mettre dans des pots stérilisés. Je suis certain que vous lui trouverez plusieurs utilisations…

Il vous faut une recette de base de Beignets à la ricotta (voir p. 145).

portions : 8 **préparation et cuisson :** 30 minutes

le caramel de figues

250 g (1 ¼ tasse) de sucre
1 c. à soupe de glucose liquide*
5 c. à soupe d'eau
80 ml (¹/₃ tasse) de crème 35 % chaude
4 figues noires de grosseur moyenne

dans une casserole à rebord élevé, cuire le sucre, le glucose et l'eau jusqu'à la formation d'un caramel de consistance moyenne. Retirer du feu, puis incorporer graduellement la crème chaude. Ajouter les figues coupées en morceaux et laisser refroidir pendant quelques minutes à la température de la pièce.
verser dans un contenant en hauteur et, à l'aide d'un mélangeur à immersion, réduire les figues en purée. Conserver au réfrigérateur.

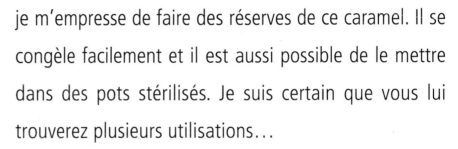

la crème fraîche au citron

125 ml (½ tasse) de crème fraîche
125 ml (½ tasse) de crème 35 %
2 c. à soupe de sucre
Le zeste de ½ citron

Une recette de base de Beignets à la
ricotta (voir p. 145)

fouetter tous les ingrédients de la crème au citron jusqu'à la formation de pics mous.
servir les beignets encore tièdes avec le caramel et la crème au citron.

beignets à la ricotta, chocolat blanc caramélisé et mousse de violette

Le point de départ de cette recette est ce fameux chocolat blanc caramélisé que je dois à L'école du chocolat Valrhona. L'idée est simple, mais il fallait y penser… Comme le chocolat est composé de sucre et de lait, on peut le faire caraméliser en le cuisant au four, à feu doux. Il ressemble alors à une confiture de lait qui va se solidifier comme du sucre à la crème à la température de la pièce.

portions: 8
préparation et cuisson: 2 heures
matériel: une plaque à pâtisserie
8 ramequins de 5 cm (2 po)

Il vous faut une recette de base de Beignets à la ricotta (voir p. 145).

le chocolat blanc caramélisé

150 g (1 ¼ tasse) de pastilles de chocolat blanc de très grande qualité

déposer le chocolat sur une plaque à pâtisserie couverte d'un tapis en silicone ou de papier sulfurisé. Cuire au four, à 120 °C (250 °F), pendant environ 40 minutes. Il est primordial de brasser le chocolat toutes les 5 minutes pour s'assurer que la couleur soit uniforme. Laisser refroidir à la température de la pièce.

Brasser le chocolat régulièrement pour s'assurer que la couleur est uniforme.

Les crèmes prises doivent être préparées 12 heures à l'avance.

la crème prise au chocolat blanc caramélisé

180 ml (¾ tasse) de crème 35 %

Une feuille de gélatine préalablement réhydratée

100 g (3 ½ oz) de chocolat blanc caramélisé

dans une casserole, porter la crème à ébullition. Retirer du feu et incorporer la gélatine. Verser sur le chocolat et laisser reposer pendant quelques minutes. Émulsionner à l'aide d'un mélangeur à immersion. Verser dans les ramequins préalablement badigeonnés d'huile de canola. Laisser prendre au réfrigérateur pendant au moins 12 heures.

la mousse de violette

250 ml (1 tasse) de sirop de mûre

2 c. à soupe d'arôme naturel de violette* ou, à défaut, d'eau de rose

3 g (2 c. à thé) de Versawhip 600K*

1,2 g (env. ½ c. thé) de gomme de xanthane*

pour faire le sirop de mûres : dans un cul-de-poule, mélanger 500 g (3 ¼ tasses) de mûres et 50 g (¼ tasse) de sucre. Couvrir de pellicule plastique et cuire au bain-marie pendant environ 1 heure. Passer au chinois étamine sans presser. À l'aide d'une tasse à mesurer, récupérer 250 ml (1 tasse) de sirop.

chauffer légèrement le sirop de mûre. Retirer du feu, ajouter l'arôme de violette et verser dans un contenant à rebord élevé. Incorporer le Versawhip et la gomme de xanthane à l'aide d'un mélangeur à immersion. Mélanger pendant 30 secondes.

transférer dans le bol d'un batteur électrique et fouetter jusqu'à la formation de pics fermes.

Verser l'appareil à crème prise dans des ramequins préalablement huilés.

montage

une recette de base de Beignets à la ricotta (voir p. 145), ici, on a besoin de 16 petits beignets + 2 c. à soupe de miel + 2 prunes + 1 c. à café (1 c. à thé) de jus de citron + mûres en quantité suffisante + fleurs comestibles en quantité suffisante

dans une poêle, chauffer le miel et poêler les prunes coupées en quartiers ❙ **verser** le jus de citron et conserver au chaud ❙ **pour démouler les crèmes prises,** tremper le fond des moules pendant quelques secondes dans de l'eau chaude ❙ **les démouler** directement sur chacune des assiettes ❙ **ajouter** un quartier de prune, quelques mûres, la mousse de violette, 2 beignets et quelques pétales de fleurs.

riz Pourquoi parler de riz ici ? Simplement parce qu'il sert à préparer l'un des desserts les plus vieux et les plus populaires qui soient : le riz au lait. L'origine de ce dessert remonte à l'époque des Romains et déjà, au Moyen-Âge, il régalait la haute société. On trouve maintenant des versions du riz au lait un peu partout. De l'Asie à l'Europe, presque tous les coins du monde ont leur version de ce dessert. Selon le pays d'origine, le type de riz et les assaisonnements utilisés vont varier. Qu'il soit fait avec du riz basmati ou du riz rond, du lait de coco ou du lait d'amande, parfumé à la vanille ou à la cardamome, c'est un dessert plutôt facile à préparer et très polyvalent.

riz au lait

Au Québec, le « pouding au riz » est un dessert populaire que l'on trouve dans presque toutes les cafétérias. Je n'ai pas gardé un très bon souvenir du pouding de mon enfance. Il était plutôt pâteux et sans goût. Personnellement, j'aime mon riz au lait très onctueux, mais souple à la fois. Les grains de riz ne doivent pas s'écraser pendant la cuisson. C'est pourquoi je le prépare avec du riz à grain rond. Le riz arborio, utilisé pour les risottos, est idéal.

Brasser régulièrement le riz pendant la cuisson.

portions : 6 à 8   **préparation et cuisson :** 1 heure
matériel : une plaque à pâtisserie

100 g (½ tasse) de riz arborio
100 g (½ tasse) de sucre
1 litre (4 tasses) de lait
1 gousse de vanille fendue et grattée
Une pincée d'un mélange d'épices (cardamome, cannelle de Ceylan, girofle, anis étoilé, poivre noir, muscade, macis, fèves tonka* et autres).

dans une casserole, couvrir le riz d'eau froide. Porter à ébullition, retirer du feu, puis égoutter le riz.

remettre le riz dans la casserole avec tous les ingrédients et cuire à feu moyen, en laissant bouillir légèrement pendant environ 30 minutes. Il est important de brasser à plusieurs reprises pour s'assurer que le riz ne colle pas.

le riz doit conserver une certaine texture sous la dent sans pour autant être croquant. Lorsqu'il est presque prêt, le retirer du feu et le laisser refroidir pendant quelques minutes, en remuant à quelques reprises. Le riz finit alors de cuire sans risquer de coller au fond de la casserole.

quand il est prêt, le verser dans un contenant plat. Le couvrir d'une pellicule plastique que l'on place directement sur le riz pour éviter la formation de condensation. Le mettre ensuite au réfrigérateur.

riz au lait, poires et nougatine de pacanes

Au gré des saisons, j'adapte les garnitures du riz au lait. Cette version, parfaite pour l'automne, est accompagnée de dés de poires caramélisés et de nougatine de pacanes, qui ajoutent un peu de croquant et qui offrent un contraste de température.

Il vous faut une recette de base de Riz au lait (voir p. 157).

portions: 6 à 8   **préparation et cuisson:** 45 minutes
matériel: une plaque à pâtisserie

les poires caramélisées

4 c. à soupe de miel
2 c. à soupe de beurre
2 poires épluchées, coupées en gros cubes
1 c. à soupe de jus de citron

dans une poêle, faire caraméliser légèrement le miel. Ajouter le beurre et les cubes de poire. Cuire pendant quelques minutes jusqu'à ce que les poires soient tendres et bien caramélisées. Verser le jus de citron et retirer du feu. Réserver au chaud.

la nougatine de pacanes

75 g (¹/₃ tasse + 1 c. à soupe) de sucre
1 c. à soupe de glucose liquide*
4 c. à soupe d'eau
100 g (1 tasse) de pacanes grillées

Une recette de base de Riz au lait
  (voir p. 157)

dans une casserole, mettre le sucre, le glucose et l'eau. Cuire à feu élevé, sans brasser, pendant quelques minutes, jusqu'à l'obtention d'un caramel de consistance moyenne.

retirer du feu, ajouter les pacanes d'un seul coup et bien brasser avec une cuillère en bois pour les enrober de caramel.

verser sur une plaque à pâtisserie couverte d'un tapis en silicone ou de papier sulfurisé. Laisser refroidir à la température de la pièce avant de hacher finement au couteau.

déposer le riz au lait au milieu d'un bol.

garnir des cubes de poire caramélisés et de la nougatine de pacanes.

portions : 8
préparation et cuisson : 2 heures
matériel : une plaque à pâtisserie

le riz au lait de chèvre

Une recette de base de Riz au lait (voir p. 157)

préparer la recette de base de Riz au lait en remplaçant tout le lait par du lait de chèvre.

riz au lait de chèvre,
sorbet aux raisins Concord, figues, gelée de vin rouge et grué de cacao

Dans cette recette, le riz au lait est fait avec du lait de chèvre, ce qui lui donne une saveur qui se marie parfaitement avec celles des raisins et des figues. Les raisins Concord, que l'on trouve au mois d'août, sont un vrai délice. Le sorbet qu'on obtient explose en bouche et sa couleur intense offre un merveilleux contraste avec la blancheur du riz. Le grué de cacao est le résultat de la torréfaction et du concassage des fèves de cacao. Son goût amer et sa texture croquante ajoutent une dimension très intéressante à ce dessert.

La gelée de vin rouge coupée en petits morceaux avant d'être réduite en purée.

Garnir de la gelée de vin rouge.

le sorbet aux raisins Concord

60 g (¼ tasse + 1 c. à soupe) de sucre
4 c. à soupe d'eau
500 g (3 ⅓ tasses) de raisins Concord

porter à ébullition le sucre et l'eau pour faire un sirop. Retirer du feu et refroidir.

réduire les raisins et le sirop en une purée parfaitement lisse. Passer ensuite le mélange au chinois fin.

turbiner dans une sorbetière ou congeler dans un contenant à Pacojet*.

la gelée de vin rouge

500 ml (2 tasses) de vin rouge
2 c. à café (2 c. à thé) d'un mélange
 d'épices (cardamome, cannelle de
 Ceylan, girofle, anis étoilé, poivre noir,
 muscade, macis et fèves tonka*)

1 c. à soupe de glucose liquide*
150 g (¾ tasse) de sucre
3 ½ c. à soupe d'eau
6 g (3 c. à thé) d'agar-agar*

dans une casserole, porter à
ébullition le vin rouge, puis le retirer du
feu. Ajouter les épices et laisser infuser
pendant 5 minutes. Passer au chinois
étamine et réserver au chaud.
**dans une casserole à rebord
élevé,** mettre le glucose, le sucre et
l'eau. Cuire à feu élevé, sans brasser,
jusqu'à l'obtention d'un caramel léger.
Retirer du feu, puis ajouter très
graduellement le vin chaud.
porter de nouveau à ébullition,
puis incorporer l'agar-agar au fouet.
Laisser bouillir pendant 1 minute.
verser dans un contenant résistant à la
chaleur. Laisser prendre complètement
au réfrigérateur.
démouler, couper en petits cubes, puis
réduire en une purée parfaitement lisse
à l'aide d'un mélangeur. Passer au
chinois étamine et conserver
au réfrigérateur.

le grué de cacao

100 g (½ tasse) de sucre
3 ½ c. à soupe d'eau
200 g (2 tasses) de grué de cacao*

dans une casserole, mettre le sucre
et l'eau. Cuire, sans brasser, jusqu'à ce
que le mélange atteigne 115 °C
(240 °F).
verser le grué de cacao et brasser avec
une cuillère en bois jusqu'à ce que le
sucre cristallise.
verser sur une plaque à pâtisserie
couverte d'un tapis en silicone ou de
papier sulfurisé et laisser refroidir à la
température de la pièce.

montage
4 figues + sucre en quantité suffisante
couper les figues en quartiers, les saupoudrer de sucre et les caraméliser avec une torche **I déposer** le riz au lait sur
une assiette, puis le saupoudrer de grué de cacao **I garnir** de la gelée de vin rouge, de sorbet et de 2 quartiers de
figue caramélisés.

sucre d'érable

De toutes les richesses du terroir québécois, c'est sans aucun doute le sirop d'érable qui nous représente le mieux. On peut en faire de nombreux produits qui font le bonheur de tous les gourmands. J'aime particulièrement le sucre d'érable fin. Grâce à sa texture, on peut facilement l'utiliser dans différentes recettes. Ici, j'ai intégré le sucre d'érable à l'une de mes recettes préférées, le sablé breton. Ce sablé, qui est traditionnellement préparé avec du beurre salé, est une recette idéale pour mettre en valeur l'un de nos plus beaux produits.

La recette de base

sablés bretons au sucre d'érable

Cette pâte sablée est l'une des plus polyvalentes que je connaisse. Pour avoir de beaux sablés bien gonflés, il est important de réfrigérer la pâte. Il est même possible de congeler les sablés et de les cuire directement à leur sortie du congélateur. Pour un résultat optimal, les couper et les cuire dans de petits cercles en inox, pour que la pâte ne s'étale pas. Si vous ne disposez pas de beurre salé, ajoutez simplement 1 c. à café (1 c. à thé) de sel aux ingrédients secs.

portions: 6 à 8   **préparation et cuisson:** 1 heure
matériel: une plaque à pâtisserie

4 jaunes d'œufs
160 g (1 ⅓ tasse) de sucre d'érable
223 g (1 ½ tasse) de farine
1 c. à soupe de levure chimique (poudre à pâte)
160 g (⅔ tasse + 1 c. à soupe) de beurre salé mou

au batteur électrique, à l'aide du fouet, blanchir les jaunes d'œufs et le sucre jusqu'à ce que le mélange soit bien mousseux.
mélanger ensuite au batteur plat, puis ajouter les ingrédients secs préalablement tamisés ensemble et le beurre. Mélanger juste ce qu'il faut pour obtenir un mélange homogène.
déposer la pâte sur une feuille de papier sulfurisé, couvrir d'une 2e feuille puis, à l'aide d'un rouleau à pâtisserie, abaisser la pâte à une épaisseur d'environ 1,5 cm (env. ½ po). Laisser prendre au réfrigérateur.
couper les sablés froids avec des cercles en acier inoxydable, puis les déposer sur une plaque couverte d'un tapis en silicone ou de papier sulfurisé. Cuire les sablés dans les cercles, à 160 °C (325 °F), pendant environ 12 minutes. Démouler les sablés encore tièdes en soulevant délicatement les cercles.

sablé breton au sucre d'érable, poêlée de coings et crème au mascarpone vanillée

Le coing poêlé est le partenaire idéal de ce sablé. Méconnu chez nous, c'est un fruit remarquable qu'on doit découvrir. Désagréable cru, il bénéficie grandement d'une cuisson prolongée. Traditionnellement, on en fait de la gelée. Moi, j'aime le pocher dans un sirop pour ensuite le caraméliser.

Il vous faut une recette de base de Sablés bretons au sucre d'érable (voir p. 169).

portions : 6 à 8   **préparation et cuisson :** 1 heure
matériel : une plaque à pâtisserie

les coings pochés

200 g (1 tasse) de sucre
600 ml (env. 2 ½ tasses) d'eau
Le jus de 1 citron
½ gousse de vanille
3 coings

dans une casserole, porter à ébullition le sucre, l'eau, le jus de citron et la vanille. **éplucher** les coings, les couper en quartiers et en retirer le cœur. Couper chaque quartier en 4, puis les déposer dans le sirop chaud. Cuire à feu doux, pendant environ 30 minutes, jusqu'à ce que les coings soient tendres. Conserver les coings dans le sirop, au réfrigérateur.

la crème au mascarpone vanillée

1 contenant de 250 g (env. 8 oz)
  de mascarpone
125 ml (½ tasse) de crème 35 %
3 c. à soupe de sucre
1 gousse de vanille fendue et grattée

125 ml (½ tasse) de sirop d'érable
Une recette de base de Sablés bretons au
  sucre d'érable (voir p. 169)

au batteur électrique, fouetter tous les ingrédients jusqu'à l'obtention de pics mous. Conserver au réfrigérateur.

dans une poêle, à feu élevé, caraméliser le sirop d'érable. Ajouter les coings pochés et bien les enrober du caramel. Cuire pendant environ 1 minute, puis ajouter quelques cuillerées de sirop de pochage pour stopper la cuisson.

servir les coings autour des sablés et garnir de la crème vanillée.

sablés bretons au sucre d'érable, sorbet carotte et tangerine, kumquats confits et gelée coco

Un dessert comme je les aime, une base classique, le sablé breton, accompagnée de quelques garnitures un peu plus actuelles… Le spaghetti de gelée a été créé par Ferran Adrià, au célèbre restaurant catalan El Bulli.

portions : 8
préparation et cuisson : 2 heures

Il vous faut 12 petits sablés bretons (voir p. 169).

le sorbet carotte et tangerine

Plutôt que d'utiliser la méthode sous vide, les carottes peuvent être cuites dans de l'eau frémissante, pour être ensuite égouttées et réduites en purée avec les autres ingrédients.

150 g (¾ tasse) de sucre
1 c. à soupe de glucose liquide*
1 c. à soupe de jus de citron
5 c. à soupe d'eau
500 g (3 ⅓ tasses) de jeunes carottes
  épluchées et coupées en morceaux
250 ml (1 tasse) de jus de tangerine
Le zeste de 1 tangerine

dans une petite casserole, porter à ébullition le sucre, le glucose, le jus de citron et l'eau. Retirer du feu et laisser refroidir.
verser le sirop dans un sac sous vide avec les carottes coupées en morceaux. Faire le vide à la machine et sceller le sac. Dans une casserole d'eau frémissante, cuire les carottes dans le sac, pendant environ 45 minutes.
retirer les carottes du sac, puis les réduire en purée avec le jus et le zeste de tangerine.
turbiner dans une sorbetière ou congeler dans des contenants à Pacojet*.

Remplir les petits tuyaux de gelée chaude.

Des spaghettis au dessert…

Les petits sablés peuvent aussi être cuits dans des moules en silicone.

les kumquats confits

12 kumquats*
180 ml (¾ tasse) d'eau
100 g (½ tasse) de sucre

couper les extrémités de chaque kumquat. Trancher les kumquats en 2 et retirer tous les pépins. Mettre ensuite les kumquats dans un contenant résistant à la chaleur.
dans une casserole, porter à ébullition l'eau et le sucre. Retirer du feu et verser le mélange sur les demi-kumquats. Réserver au réfrigérateur.

la gelée coco

300 g (1 ¼ tasse) de purée de coco*
  surgelée du commerce
100 ml (3 ½ oz) de lait
3 c. à soupe de sucre
5 g (2 ½ c. à thé) d'agar-agar*

dans une casserole, combiner la
purée de coco avec le lait et le sucre. À
l'aide d'un fouet, incorporer l'agar-agar.
Porter à ébullition et, tout en brassant,
laisser bouillir pendant 1 minute.
verser dans un contenant résistant
à la chaleur et laisser prendre
au réfrigérateur
démouler la gelée et la couper en
petits cubes. À l'aide d'un mélangeur, la
réduire en une purée parfaitement lisse,
puis la passer au chinois étamine.

le spaghetti de tangerine

250 ml (1 tasse) de jus de tangerine
50 g (¼ tasse) de sucre
Une pincée de safran
4 g (2 c. à thé) d'agar-agar

faire bouillir le jus de tangerine, le
sucre et le safran. Retirer du feu et
laisser infuser pendant 5 minutes.
passer au chinois étamine, incorporer
l'agar-agar à l'aide d'un fouet et laisser
bouillir pendant 1 minute.
à l'aide d'une pipette, remplir de
petits tuyaux en silicone de gelée
chaude. Submerger les tubes pendant
quelques secondes dans un bassin
d'eau très froide.
avec un adaptateur pour siphon
ou une seringue remplie d'eau, faire
sortir les spaghettis des tuyaux.
conserver au réfrigérateur.

montage
12 petits sablés bretons (voir p. 169) + sablés bretons émiettés en quantité suffisante + poudre de lait de coco atomisé*
en quantité suffisante + pousses de coriandre en quantité suffisante
mettre 2 petits sablés par assiette, puis ajouter, juste à côté, un peu de sablé émietté ‖ **déposer** du sorbet sur les miettes
de sablé ‖ **garnir** l'assiette de 3 demi-kumquats, d'un spaghetti, de la gelée coco, de la poudre de coco et de quelques feuilles
de coriandre.

vanille

Aucune autre épice n'évoque mieux la pâtisserie que la vanille, qui appartient à la famille des orchidées. La gousse de vanille entière reste irremplaçable, malgré son prix élevé. Si Madagascar reste le principal producteur, la vanille de Tahiti est considérée comme la plus parfumée. Pour l'infuser, il suffit de l'ouvrir dans le sens de la longueur, de gratter les graines et de mettre le tout dans un liquide chaud.

parfait glacé à la vanille

Un parfait glacé classique est composé d'une pâte à bombe glacée (des œufs et du sucre) et de crème montée. Le mélange est par la suite moulé et congelé. Cette mousse glacée a l'avantage de ne pas nécessiter de sorbetière. Il est donc facile, pour ceux qui n'en ont pas, de faire des desserts glacés. Je vous présente une version simplifiée de ce dessert.

portions: 8   **préparation et cuisson:** 30 minutes

500 ml (2 tasses) de crème 35 %
80 g ($^1/_3$ tasse + 1 c. à soupe) de sucre
1 gousse de vanille fendue et grattée
6 jaunes d'œufs
2 feuilles de gélatine préalablement réhydratées

dans une casserole, porter à ébullition la crème, la moitié du sucre et la vanille. Retirer du feu et laisser infuser pendant 10 minutes.

dans un cul-de-poule, blanchir les jaunes d'œufs avec le reste du sucre.

remettre la crème à bouillir et, tout en brassant au fouet, verser graduellement le liquide bouillant sur les jaunes. Remettre à feu moyen et cuire, en brassant constamment, jusqu'à ce que la crème nappe le dos d'une cuillère ou qu'elle atteigne 85 °C (185 °F). Retirer du feu, ajouter la gélatine et brasser. Verser le mélange dans un bol que l'on dépose dans un bol plus grand rempli de glace. Passer la crème au chinois étamine.

il est préférable de laisser le mélange au réfrigérateur pendant au moins 8 heures avant de le fouetter.

à l'aide d'un batteur électrique, fouetter le mélange jusqu'à l'obtention de pics mous. Verser dans un contenant huilé, couvert de pellicule plastique et laisser prendre au congélateur pendant au moins 24 heures.

Le parfait doit être fait 2 jours à l'avance.

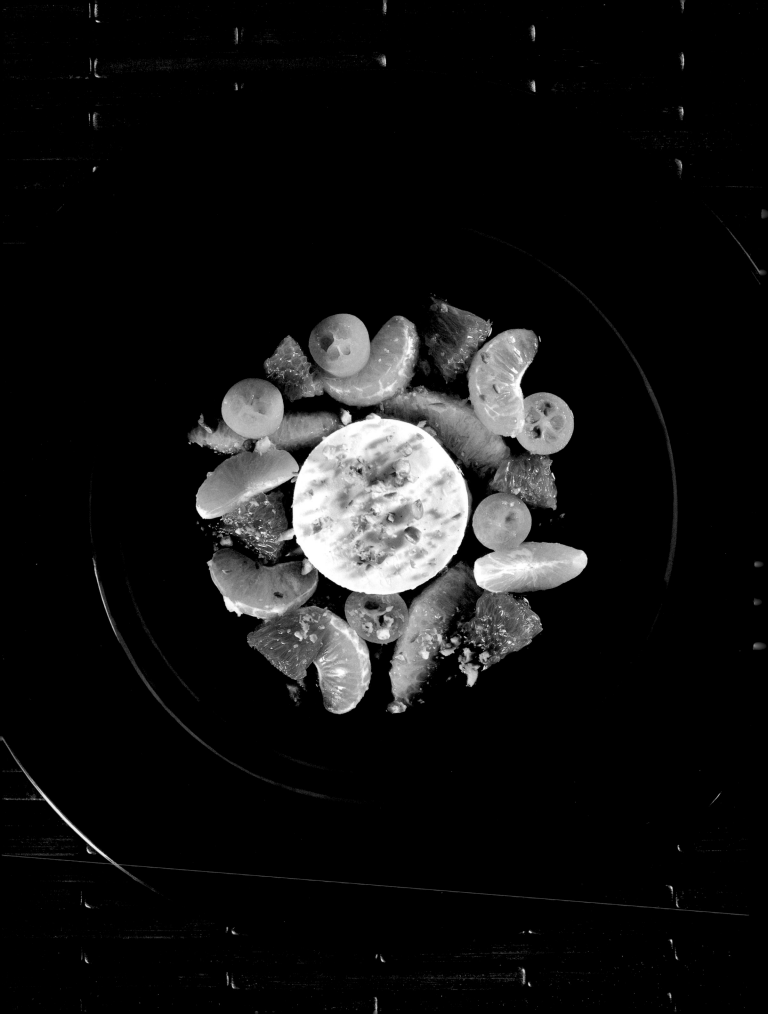

jour

parfait glacé vanille et citron,

salade d'agrumes et pistaches
Ici, j'ai utilisé du zeste de citron pour parfumer la recette de base de parfait glacé. En janvier, la salade d'agrumes qui l'accompagne est une bonne façon d'ajouter des fruits à son alimentation, car la plupart de nos fruits préférés sont absents du marché.

portions: 8 **préparation et cuisson:** 30 minutes
matériel: une plaque à pâtisserie, 8 emporte-pièces ronds

le parfait glacé vanille et citron

La recette de base du parfait doit être faite 2 jours à l'avance.

Une recette de base de Parfait glacé à
 la vanille (voir p. 181)
Le zeste de 2 citrons

préparer la recette de base du parfait et ajouter, en même temps que la vanille, le zeste de 2 citrons.
procéder ensuite comme pour la recette de base. Après avoir fouetté le parfait, le verser dans des emporte-pièces ronds et le laisser prendre au congélateur pendant au moins 24 heures.

la salade d'agrumes

1 orange sanguine ou, à défaut, 1 orange
1 pamplemousse
2 clémentines
1 orange
12 kumquats*
180 ml (¾ tasse) d'eau
100 g (½ tasse) de sucre
3 c. à soupe de jus de citron

Pistaches grillées en quantité suffisante

peler à vif les oranges, le pamplemousse et les clémentines, puis retirer les suprêmes.

couper les extrémités de chaque kumquat. Couper ensuite les kumquats en 3 et retirer les pépins.

dans une casserole, porter à ébullition l'eau, le sucre et le jus de citron.

retirer du feu, puis verser sur les fruits. Laisser refroidir complètement.

déposer les agrumes dans des bols, puis verser un peu de sirop.

démouler les petits parfaits glacés et les déposer au milieu de la salade.

concasser quelques pistaches et en garnir le dessert.

portions : 6 à 8
préparation et cuisson : 2 heures

parfait glacé vanille et noix de pin, sorbet au melon, framboises et basilic

Voici un dessert idéal pour l'été. De plus, on peut maintenant trouver des variétés de melon particulièrement parfumées : Orange Flesh, Sharlyne, Galia et autres. Le fait d'incorporer de la nougatine de noix hachée dans le parfait donne un résultat qui se rapproche du nougat glacé.

la nougatine de noix de pin

75 g (⅓ tasse + 1 c. à soupe) de sucre
60 ml (¼ tasse) d'eau
1 c. à soupe de glucose liquide*
100 g (¾ tasse) de pignons grillés

dans une casserole, porter à ébullition le sucre, l'eau et le glucose. Laisser cuire, sans brasser, jusqu'à l'obtention d'un caramel léger. Retirer du feu, ajouter tous les pignons et brasser avec une cuillère en bois pour bien les enrober de caramel.
verser la nougatine sur une plaque couverte d'un tapis en silicone ou de papier sulfurisé et laisser refroidir complètement. Hacher au couteau.

Verser la nougatine sur une plaque couverte d'un tapis en silicone.

La recette de base du parfait et la pulpe d'orange amère doivent être faites 2 jours à l'avance.

Blanchir les oranges à 3 reprises.

Utiliser une spatule coudée pour garnir les assiettes de pulpe d'orange.

le parfait glacé vanille et noix de pin

Une recette de base de Parfait glacé à la vanille (voir p. 181)

préparer la recette de base de Parfait glacé à la vanille et, juste après l'avoir monté au batteur électrique, incorporer la nougatine de noix de pin hachée.
verser dans un cadre en métal ou dans un contenant rectangulaire d'environ 10 x 30 cm (4 x 12 po).
mettre le parfait au congélateur et le laisser 24 heures.

le sorbet au melon

500 g (2 ½ tasses) de chair de melon
100 g (½ tasse) de sucre
2 c. à soupe de jus de citron

au mélangeur, réduire le melon en purée avec le sucre et le jus de citron. **turbiner** dans une sorbetière ou congeler dans des bols à Pacojet*.

la pulpe d'orange amère

2 oranges
Eau froide en quantité suffisante
230 g (1 tasse + 2 c. à soupe) de sucre
230 ml (8 oz) de jus d'orange

piquer les oranges avec un couteau, puis les mettre dans une casserole. Les couvrir complètement d'eau froide. Porter à ébullition, puis égoutter les oranges. Refaire l'opération encore 2 fois.
couper les oranges en morceaux, puis les mettre dans une casserole avec le sucre et le jus. Ajouter de l'eau pour couvrir à hauteur. Cuire à feu modéré, de 2 à 3 heures, jusqu'à ce que les oranges soient confites. Retirer du feu et laisser les oranges dans le sirop pendant au moins 12 heures.
égoutter les oranges puis, à l'aide d'un mélangeur, les réduire en une purée parfaitement lisse, en ajoutant juste ce qu'il faut du sirop de cuisson. La passer au chinois étamine et la conserver au réfrigérateur.

la vinaigrette

3 c. à soupe de jus de citron
60 ml (¼ tasse) d'huile d'olive
5 c. à soupe de miel
1 gousse de vanille fendue et grattée

mélanger tous les ingrédients au fouet et réserver au réfrigérateur.

montage

18 framboises fraîches + 24 morceaux de melon + feuilles de basilic grec ou de basilic ordinaire, en quantité suffisante
garnir une assiette de pulpe d'orange ▮ **couper** le parfait en tranches et le déposer sur la pulpe d'orange ▮ **arroser** les framboises et le melon d'un peu de vinaigrette ▮ **garnir** chaque assiette des fruits et des feuilles de basilic ▮ **ajouter** ensuite du sorbet.

index

table
des matières

remerciements

Ce livre est le résultat du travail passionné de plusieurs personnes. Je tiens d'abord à remercier tous ceux avec qui j'ai travaillé au restaurant Laloux et avec qui je travaille quotidiennement au Newtown. Un merci particulier à Marc-André Jetté, avec qui je fais équipe depuis maintenant 2 ans, et à Brian Verstraten, mon sous-chef, sans qui il m'aurait été impossible de faire ce livre. Merci aussi à Mathieu Lévesque qui, dans ses photos, a su transposer mes desserts en images toutes plus savoureuses les unes que les autres.

Merci aux boutiques: **3 femmes et 1 coussin + Z'Axe + L'Aubergine,** qui ont fourni les accessoires utilisés pour la prise des photos. Un grand merci à: **Jean-François Archambault,** l'instigateur de ce projet, sans qui ce livre n'aurait jamais pu voir le jour. Et finalement merci à: **toute l'équipe des Éditions de l'Homme,** qui m'a accompagné dans ce projet et qui m'a permis de laisser libre cours à mon imagination.